Ulrike Böhmer

Und sie bewegt sich doch!

Ulrike Böhmer

Und sie bewegt sich doch!

Erna Schabiewskys Visionen
„vonne“ Kirche

Mit Karikaturen von
Thomas Plaßmann

BONIFATIUS

Bibliografische Information der deutschen Nationalbibliothek

Die deutsche Nationalbibliothek verzeichnet diese Publikation in der Deutschen Nationalbibliografie; detaillierte bibliografische Daten sind im Internet über http://dnb.ddb.de abrufbar.

Covergestaltung: Dipl.-Designerin Karin Cordes
Fotos: Claudia Auffenberg
Karikaturen: Thomas Plaßmann
Bibelstellen: Einheitsübersetzung der Heiligen Schrift.

ISBN 978-3-89710-602-4

Gesamtherstellung:
Bonifatius GmbH Druck · Buch · Verlag Paderborn

Inhalt von dat Buch

Jetzt geht‘s los 6

Im Sauerland is wat los! 11

Woanders aber auch! 22

Da geht noch was 30

Es geht noch mehr – sogar an Weihnachten 35

Ohne Familie geht nix! 38

Frollein Kaminski geht anne Decke –
und der Vikar auch! 45

Jetzt geht nix mehr 59

Inne Ökenemene geht’s voran –
auch inne Kirchenchöre! 70

Inne Mitte geht noch was rein! 85

Und sie bewegt sich doch! 91

Zum guten Schluss 109

Jetzt geht's los!

Überall inne Kirche wird ja ganz doll überlegt, wie dat mit unserer katholischen Kirche mal weitergehen wird – also inne Zukunft.
Im Grunde – gebe ich ehrlich zu – habe ich lange gedacht, soll'n sich da mal andere den Kopf drüber zerbrechen, die dat Ganze studiert haben oder die, die Geld für's Denken kriegen, oder von mir aus auch die Priester oder die Hauptamtlichen vonne Kirche oder von mir aus auch der Bischof oder die ganz schlauen Leute vonne Kirche, die Professoren und -innen...
Solange inne eigene Gemeinde irgendwie alles in geregelten Bahnen läuft, machse einfach weiter wie bisher – es gibt ja auch genug zu tun! Aber!
Dass die Veränderungen nicht Halt machen vor der eigenen Gemeinde, ja nicht mal mehr vor der eigenen Familie, dat hat mich dann aber selber so richtig inne Krise reingebracht – also erstmal – und dann ins Grübeln und Denken und Schreiben. Und wat jetzt hier folgt, dat sind sozusagen die gesammelten Überlegungen und sogar auch echte Erfahrungen von mir persönlich und auch von ein paar aus meinen persönlichen Umfeld Befragten. In gepflegtem Hochdeutsch, so gut wie dat eben geht, wennse aus Dortmund kommst.
Wat das ganze Grübeln und Denken über die Kirche im Allgemeinen und die eigene Gemeinde im Besonderen

so richtig ins Rollen gebracht hat, war die Sache mit unser Omma!
Ach so, Sie kennen unser Omma ja gar nicht. Also: Unser Omma, dat is von meinem Herbert seine Mamma. Wir sagen aber schon seit ewigen Zeiten Omma zu ihr, dat kriegse auch nicht mehr raus.
Die Omma musste vor einiger Zeit ins Krankenhaus für ein neues Knie. Ich glaube übrigens, dass ich dat mit dem Knie von unser Omma geerbt habe. Bei mir ist dat Knie zwischendurch so am Quietschen dran, dat sogar mein Herbert schon dachte, er müsse mal wieder die Küchentür schmieren.
Jetzt ist dat ja heutzutage im Grunde ein Klacks, wennse ein neues Knie brauchs. Da gehse rein ins Krankenhaus, dat alte Knie wird rausgenommen, neues rein und danach kannse direkt wieder nach Hause marschieren. Aber – wennse doch erst mal dat Alter hast wie unser Omma, dann ist im Grunde überhaupt keine Operation mehr 'nen Klacks. Dat hört man ja immer wieder, gerade auch inne Seniorenrunde, dass du ein schönes neues Knie oder von mir aus auch 'ne neue Hüfte odern Herzschrittmacher drin hast, wachst nach der Operation auf und denkst, wat 'ne nette Schwester an meinem Krankenbett – ja Pustekuchen, da stehse schon vor deinem Schöpfer! Da hasse bei der Operation einfach vergessen, weiter zu atmen.
Nun denn – ich hatte sehr große Sorgen um unser Omma, also nicht wegen dem Knie, sondern wegen ihrem Seelenheil. Dass dat klappt mittem Aufstieg innen Himmel. Ich meine mal so, dat ist für uns Katholische eine sehr ernste Themattik, mit dem Aufstieg, dat kann ja auch komplett nach hinten losgehen. Da haben die Evangelischen nämlich richtig Glück gehabt. Die müssen beim Rübbergang auffe andere Seite nur kurz bei ihrem Martin Luther vorbei, der fragt nach, ob sie als

Protestanten genug protestiert haben in ihrem Leben und schon können sie durchmarschieren. Aber wat da im Gegenzug bei uns Katholischen alles kommen kann. Ich habe übrigens inne Bistumszeitung gelesen, dass der letzte Papst persönlich für uns Katholische die Vorhölle abgeschafft hat. Ich weiß nur gar nicht, ob dat gut oder schlecht für uns ist. Ohne Vorhölle geht dann doch der Fahrstuhl sofort nach unten in Keller. Und inne Vorhölle hättese ja noch mal so'n bisschen diskutieren können.

Wie gesagt, ich war irgendwie inne kompletten Sorge um unser Omma ihre Seele. Nun habe ich sie natürlich persönlich ins Krankenhaus gebracht und ihr natürlich auch den Schrank im Zimmer schön eingeräumt. Als ich damit fertig war, sag ich zu ihr: Omma, wie wäre es denn, wenn vor deiner Operation noch kurz unser Pastor vorbeikommen würde für die Beichte? Da kannst du dich schön von allem Plunder erleichtern und dann ist deine Seele ... also wenn wat passiert, wat wir natürlich nicht hoffen, aber wenn ... ganz frei und kann fröhlich in den Himmel aufsteigen.

Hömma, da ist die Omma schier ausgeflippt! Ich dachte, die kriegt jetzt auch noch 'nen Herzinfarkt auf dat Knie drauf. Die Omma hatte so wat von schlechte Erfahrungen bei der Seniorenwallfahrt nach Altötting gemacht. Sie hätte da zwei Stunden im Beichtstuhl gekniet und sich höchstwahrscheinlich dat schlimme Knie weggeholt. Langer Rede, kurzer Sinn, die Omma wollte auf keinen Fall beichten gehen. Und da kommse doch unweigerlich zu der Frage, wat der Pastor am Samstag vor der Vorabendmesse machen soll, wenn jetzt nicht mal mehr die Alten zur Beichte gehen – etwa Bundesliga-Schlussreportage im Radio hören? Oder am Tag vor Weihnachten oder Ostern? Etwa Strohsterne basteln oder Frühjahrsputz machen? Aber es kommt noch doller: Die Omma wollte nix mehr vonne Kirche wissen. Nö, sagt sie, sie hätte dat komplette Interesse anne Kirche verloren

Dat kann doch jetzt nicht die wahre Wahrheit sein, dat die Alten nix mehr vonne Kirche wissen wollen. Bei den Jungen haben wir uns ja schon dran gewöhnt, aber jetzt auch noch die Senioren! Kein Hochamt am Sonntagsmorgen, kein Rosenkranzgebet am Montagabend, keine Seniorenrunde am zweiten Donnerstag im Monat, keine Maiandacht und Kräuter binden zu Maria Himmelfahrt, keine Fahnen bügeln für die Erstkommion, keine Kerze mehr für'n Gebet inne Kirche anzünden, keine Tischdecken besticken für'n Adsventsbasar – nix.

Ich sag: Omma, du kannst doch nicht in deinem hohen Alter vom Glauben abfallen!?!

Ne, sagt sie, dat täte sie ja auch gar nicht – aber die Kirche und vor allem die Pastöre, die gingen ihr gewaltig auffen Wecker und da müsste sie jetzt erst mal Abstand haben.

Sie wüsste auch gar nicht mehr, wo sonntags morgens die Messe wäre und wer dann am Altar stehen würde. Die Priester wären doch von irgendwoher eingeflogen und sie wüsste noch nichmals, wie die heißen und demnächst würde ja auch nur noch alle vier Wochen Gottesdienst bei uns sein und sie müsste dann schlimmstenfalls nach Schalke zum Gottesdienst – nein danke! Hömma – ich wusste gar nicht, dass du im hohen Alter noch zu so einer Wut fähig bist, aber die Omma war so richtig bedient.

Allerdings stellte sich einige Zeit später heraus, dass in der Trainingsgruppe von unser Omma für die Deutschen Rollatormeisterschaften, die sich ausgerechnet sonntagsmorgens von 9 bis 12 Uhr trifft, der Heinz Hültermann dat Training leitete. Und der Heinz, der ist mit seinen 85 Jahren noch so wat von einem fitten Kerl

und so ein Scharmeur – da war mir klar sonnenklar, wo der Hase lang läuft. Gegen die Liebe – da kommt die Kirche nicht gegen an.
Trotzdem war ich auf einmal irgendwie in so 'ne Situation drin, dat ich aus dem Grübeln gar nicht mehr rauskam. Hat die Omma nicht irgendwie auch Recht? Und wie soll dat wirklich mal alles so weitergehen, wenn die Gemeinde immer größer wird und hinterher gar keine Gemeinde mehr is, wie du dat kennst, und dass dat ja auch gar nicht mehr Gemeinde heißt und dass gar kein Nachwuchs mehr da is bei den Priestern oder bei der kfd und die, die da sind, sind irgendwie so alt oder von gestern – oder warum die Jugendlichen im Stadion sind und nicht inner Kirche und warum der Organist so lahm spielt und warum die Helga Brenschel immer so klunschigen Apfelkuchen macht und warum die Gemeindereferentin im kfd-Gottesdienst nicht predigen darf, obwohl sie wat zu sagen hat, und warum beim Adsventsbasar keiner mehr die selbstgestrickten Socken kauft und warum Weihnachten die Kirche voll ist und warum die Ökenemene nicht vorangeht und warum der Herbert seine Socken immer rumliegen lässt und der Pastor nicht mehr Zeit hat für 'nen Kaffee und die Predigt zum Einschlafen ist ...

Im Sauerland is wat los!

Ich weiß jetzt gar nicht, ob Sie informiert sind, dat ich eine Schwägerin habe und zwar die Gerda. (Ich habe auch noch andere Schwägerinnen, dat tut hier aber nix zur Sache.) Die Gerda wohnt nicht bei uns in Dortmund, sondern im schönen Sauerland, im richtigen Naturparadies, nämlich in Schnüttentrup. Ach, wat sind da schöne Berge und dunkle Täler, ganz viel Wald und Wiesen und seit einiger Zeit haben die da sogar wildlebende Kühe. Auf den Bergen stehen die Windräder und in den Tälern die Kirchen. Da kannse nur hoffen, dat der Heilige Geist da noch durchkommt ...
Nun denn: Die Gerda ist in ihrer Gemeinde im Sauerland sehr engagiert: kfd, Caritas, Besuchsdienst, dat volle Programm und zudem auch noch Küsterin. Die Gerda und ich telefonieren ganz regelmäßig ein- bis zweimal im Halbjahr am Sonntag vorm Tatort, um uns gegenseitig über dat neue kfd-Jahresprogramm zu informieren und über die beliebtesten Krankheiten inne jeweiligen Gemeinde und natürlich auch um über die Situation vonne Kirchen im Sauerland und in Dortmund zu reden. Jetzt rief sie doch neulich sonntagsabends an, um mir die neuesten Neuigkeiten vonne Schnüttentruper Kirche zu berichten. Sie erzählte, dat sie – nach dem Desaster mit dem jungen Vikar aussem 18. Jahrhundert – in Kürze zwei neue Paters bekommen würden.

Dat muss ich jetzt doch noch mal eben kurz dazwischen schieben und erklären, was dat mit dem Desaster bzw. mit dem Vikar auf sich hat. Woanders heißt Vikar ja Kaplan – aber im Erzbistum Paderborn sagen wir Vikar zu den jungen Priestern, wieso, weiß ich auch nicht, da müsste man mal den Bischof fragen. Ursprünglich war die Gerda inne kompletten Begeisterung, dat zu ihnen ins Sauerland so'n ganz junger, frischer Vikar kommen sollte – also direkt nach der Weihe – frisch von Paderborn ins Sauerland nach Schnüttentrup. (Da hab ich bei mir gedacht, ob dat nicht 'ne Verschwendung von Frischpriestern ist und ob die nicht bei uns im Ruhrgebiet besser aufgehoben wären, aber ich hab mir verkniffen, dat laut zu sagen, sonst wär die Gerda wieder angesäuert. Dat ist sie nämlich schnell, wennse wat kritisches sagst.)
Nach der feierlichen Inthronisierung vom dem Vikar kriegte die Gerda sich überhaupt nicht mehr ein. Wat der nett wäre und dann sähe er auch noch so wat von gut aus. Als ich dat gehört hatte, haben wir von meiner kfd sofort unsern Jahresausflug nach Schnüttentrup gemacht. Wir haben natürlich unsern Pastor zu Hause gelassen, worüber der ganz traurig war. Er käme doch sonst gar nicht mehr vor die Tür, aber dat war uns in diesem Fall egal. Hömma, wir Frauen inne katholischen Kirche sind dat doch gar nicht mehr gewohnt, dass da mal ein junger Vikar am Altar steht. Und jetzt mal ehrlich, die Gerda hatte nicht übertrieben. Wat für'n schöner Schwiegerso.... So, jetzt gab dat aber doch nach einer sehr kurzen Zeit eine sehr ernste Problemattik mit diesem jungen Vikar. Ich hatte ja schon erwähnt, dass die Gerda in ihrer Gemeinde auch die Küsterin is. Und die Küsterin in einer Gemeinde, dat is ja im Grunde die Chefin vonne Kirche. Ja, sicher! Die hat den Schlüssel vonne Kirche, sorgt dafür, dat alles ordentlich und sau-

ber is, Blumen und Kerzen immer frisch, Tischdecken und Gewänder gebügelt usw. – eben die Chefin!
Und da ist doch tatsächlich dieser junge Vikar heimlich und hinterm Rücken vonne Gerda inne Sakristei anne Schränke drangegangen. Dass da die Gerda stinkensauer war, dat kann ich sehr gut verstehen. Dat kannse ja zu Hause auch nicht haben, wenn da einer heimlich anne Schränke dran geht. Aber es kommt noch doller!
Der junge Vikar hat doch tatsächlich inne hintersten Ecke vonne Sakristei einen uralten Schrank aus echter deutscher Eiche entdeckt und in dem Schrank lagerten die uralten Gewänder für die Messe aussem 18. Jahrhundert. Jetzt kennt natürlich keiner mehr so richtig dat 18. Jahrhundert und die Messgewänder eben auch nicht. Deshalb muss ich kurz erklären, dass die Gewänder ja ganz anders aussehen als heute. Heute sind die schön geschmeidig und mit viel Stoff bis zum Boden, aber früher waren die steif und auch nicht so lang, nur bis zum Knie (kommt natürlich auf die Größe des Trägers an), drunter war so'n weißes Gewand und drüber waren dat die schönsten und teuersten Stoffe: Samt und Seide und überall Stickerei in Gold, Silber und Bronze – wirklich vom Allerfeinsten – dat siehst du heute in echt eigentlich nur noch im Museum oder im Fernsehen.
Als der junge Vikar diese wunderbaren, kostbaren und uralten Messgewänder erblickt hatte, is er vor dem Schrank inne komplette Verzückung reingekommen und hat danach zu der Gerda gesagt, die Gewänder würden ihm so gut gefallen und die würde er jetzt immer tragen wollen – auch im Schulgottesdienst.
Da war die Gerda natürlich ganz schön bedient. Dat bedeutete ja für sie viel mehr Arbeit. Hömma, bis die mal die ganzen Mottenkugeln aussem 18.-Jahrhundert-Gewand raushatte! Aber den Vikar hat dat überhaupt

nicht gestört. Ungefähr vier Wochen später kam er nach einem Gottesdienst zur Gerda inne Sakristei und meinte, dat ihm dat Gewand irgendwie zu schlicht wäre – trotz Gold, Silber und Bronze und Samt und Seide zu schlicht, also zu einfach. Und ob nicht mal die Pergamentengruppe vonne kfd ihm unten an die gesamten Messgewänder schöne passende Bommeln dran machen könnte?

Jetzt wusste die Pergamentengruppe nicht, wie Bommeln gehen, da haben wir von meiner kfd mal ein paar Ansichtsexemplare hergestellt. Gut, die waren jetzt alle schwarz-gelb, aber dat kannse ja auch mit andern Farben machen.

Nachdem die Frauen dem Vikar an jedes Gewand hundert Bommeln dran gemacht hatten, war er immer noch nicht zufrieden. Untenrum wäre ja jetzt alles sehr schön, aber irgendwie würde ihm oben noch wat fehlen. Und ob die Damen ihm nicht oben an die Gewänder so schönen Spitzenbesatz dran machen könnten. Da habe ich der Gerda den Tipp gegeben, dat sie doch mal im Wohnzimmerschrank nach den Häkeldeckchen vonne Omma gucken sollte, die wären doch grad ausser Mode, aber für dat 18. Jahrhundert geradezu modern. Gesagt, getan, dat ist dem Vikar auch gar nicht aufgefallen.

So – und dann kam der Heilige Abend. Und der schönste Gottesdienst am Heiligen Abend, dat is ja im ganzen Land bekannt, is die Krippenfeier um 14.30 Uhr für die kleinen Kinder der Gemeinde. Da sind ja immer hundert schreiende Blagen inne Kirche mit Omma und Oppa im Schlepptau, weil die Eltern zu Hause noch den Baum schmücken, den Kartoffelsalat machen, die Geschenke einpacken, dat Glöckchen vom Christkind suchen, den Weihnachtsschlips vom Vatter bügeln und die kaputte Perlenkette vonne Mutter auffädeln müssen usw. usw.

Und da er ganz neu inne Gemeinde war und noch wat lernen musste, durfte dieser frische junge Vikar diesen schönen Gottesdienst zelebrieren.
Dat Ganze ging los mit einem richtig angemessenen feierlichen Einzug inne Kirche. 56 Messdienerinnen und 4 Messdiener mit Kerzen, Weihrauch, Kreuz vorne weg, dat volle Programm. Er hinten dran im 18. Jahrhundert mit Bömmelkes und Spitzendeckchen – also 'ne richtig schöne Prozession inne Kirche. Der Einzug hat alleine 'ne halbe Stunde gedauert, aber als der Vikar vorne war, sah er aus wie ein zerrupftes Huhn, weil die Kinder gedacht haben, es kommt ein lebendiger Weihnachtsbaum inne Kirche rein. Alle Bommeln und Spitzendeckchen abgerupft!
Ja, aber wat hieß dat für die Pergamentengruppe vonne kfd nach Silvester? Neue Bommeln basteln und da waren die Damen doch so ziemlich inne Wallung drin, denn 'ne kfd hat inner Gemeinde auch noch wat anderes zu tun als Bommeln zu basteln! Kaffee kochen zum Beispiel.
Aber es kommt noch doller. Grad als die kfd den ganzen Stress mit Weiberfastnacht, Patronatsfest, Jahreshauptversammlung und Weltgebetstag vonne Frauen hinter sich hatte, kam der nächste Klopper.
Nach dem Aschermittwochsgottesdienst kam der Vikar wieder zur Gerda inne Sakristei, schmiss schnaubend dat Gewand mit den lila Bommeln auf den Sakristeitisch und sagte zu ihr, dat er dat jetzt mal unbedingt loswerden müsste: Er könnte in dieser Schnüttentrupper Kirche keine Andacht haben, also nicht richtig inne Innerlichkeit reinkommen. Da war die Gerda natürlich ganz schön empört, denn die Leute haben in ihrer Kirche schon seit 800 Jahren 'ne schöne Andacht.
Der Vikar aber nicht. Und dat käme daher, dat, wenn er im Gottesdienst am Altar stände und die Leute so

schön in seinem Rücken knien würden und wenn er dann da, wo dat am innerlichsten und bewegendsten sein sollte, nämlich wenn er den Kelch nach oben zum Himmel, also zum lieben Gott hochhalten würde, dann würde sein Blick oben auffen Kronleuchter fallen und da sähe er immer Spinneweben, und da wäre seine Andacht im Eimer.
Wegen Spinneweben!!! Wegen Spinneweben hat der Vikar keine Andacht!!! Und ob nicht mal – gleichsam als so'n schönes Fastenopfer – die kfd noch vor Ostern die Kirche putzen könnte! So – und da war dat Fass übergelaufen, denn 'ne kfd macht inne Gemeinde wirklich komplett alles, aber eines nicht: Kirche putzen! Dat macht im Sauerland nämlich seit hunderten von Jahren der Schützenverein – als Fastenopfer nachem Schützenfest!!!
Und die Rache der Damen war fürchterlich. Es kommt im Kirchenjahr ja noch ein weiteres schönes Fest – nämlich Fronleichnam. Und die Schnüttentrupper Fronleichnamsprozession is berühmt und berüchtigt im ganzen Sauerland. Die geht 30 Kilometer über Stock und Stein, durch Felder, Wiesen und Wälder, bergauf und bergab. Und der jüngste und kräftigste vonne Priester darf 30 Kilometer die Monstranz ganz alleine tragen.
So, und was hat die kfd dem Vikar unten an dat Fronleichnamsgewand drangemacht??? Keine Bommeln, nee, Bleiband aus den alten Gemeindehausgardinen!!!
Hömma, die Fronleichnamsprozession musste zum ersten Mal seit 200 Jahren nach 10 Kilometern abgebrochen werden, weil der Vikar Brandblasen anne Füße hatte und ein Sauerstoffzelt brauchte. Kurze Zeit später, also nachdem nicht mal mehr die Ommas aus der Seniorengruppe in den Gottesdienst kamen und die Beschwerden sogar bis Paderborn vorgedrungen waren, hat der junge Vikar schließlich selber die Segel gestri-

chen – nicht nur in Schnüttentrup sondern komplett. Er ist jetzt nicht mal mehr Priester, hat die Gerda erzählt. Aber sie hat gehört, dat er inne Pergamentenwerkstatt in Köln 'ne Lehre machen würde.

So, jetzt aber zurück zu den Paters. Ich sag zur Gerda, dat is ja ein Ding, dat ihr jetzt Paters kriegt und keine normalen Pastöre. Nun, meinte sie, dat wären ja auch Pastöre, die aber von Hause aus Paters, also von einem Orden, wären und die kämen auch nicht von hier, sondern aus Indien.
Ja, wie aus Indien, sag ich, wat wollen die denn im Sauerland?
Also, Erna, sagt die Gerda, du bist aber schwer von Kapee! Genau dat, wat die deutschen Pastöre bzw. Paters früher in Indien gemacht haben: missionieren!
Wie, sag ich, seid ihr im Sauerland vom Glauben abgefallen??? Oh je, hab ich da bei mir selber gedacht: Wenn jetzt auch dat gute katholische Sauerland vom Glauben abgefallen ist, dann ist die Situation vonne katholischen Kirche noch schlimmer als angenommen.
Die Gerda meinte, dat wäre jetzt so, dass der Bischof Paters aus Indien einkaufen würde, weil es ja hier nicht mehr genug gäbe und in Indien gäbe es genug davon und die wären ja auch eher arm und froh, wenn sie hier gutes Geld verdienen und die Familie zu Hause unterstützen würden.
Wieso Familie, sag ich, dürfen die indischen Paters heiraten?
Nee, natürlich nicht, sagt die Gerda, dann eben dat Kloster unterstützen, wo die herkämen.
Jetzt muss ich aber mal eben dat Gespräch unterbrechen. Wie muss ich mir dat denn vorstellen mit dem Einkaufen von Paters, wie beim Fußball dat Einkaufen von einem neuen Spitzenstürmer??? Gibt es im Gene-

ralvikariat in Paderborn einen Beauftragten für Priestertransfers, der durch die Weltgeschichte fährt und sich überall die Gottesdienste anschaut und den Pater mit der launigsten Predigt oder der schönsten Messe, der tollsten Gemeinde, den meisten Taufen und wenigsten Beerdigungen usw. aussucht und dann gegen eine wie auch immer hohe Ablösesumme dem jeweiligen Ortsbischof „abkauft"??? Und wenn dann der Bischof aus Trier oder von mir aus auch der aus Polen mehr bietet, hasse Pech gehabt??? Ob dat so richtig is? Ich weiß es nicht ...
Jetzt aber wieder zurück ins Sauerland.
Ich sag, Gerda, aber wat wollt ihr im Sauerland mit indischen Paters, die versteht ihr doch gar nicht. Ja wat, sagt die Gerda, die werden ja wohl Deutsch sprechen – oder wenigstens Latein, obwohl: Da hätten wir auch den Vikar aussem 18. Jahrhundert behalten können.
Ja, und wat machen die dann bei Euch, habe ich sie gefragt?
Na, Messe lesen und den ganzen anderen Rest!
Ja, aber warum denn dann Paters aus Indien?
Dat is doch wegen dem Priestermangel bei uns und da muss sich der Bischof wat einfallen lassen und dat wäre jetzt 'ne gute Lösung.
Aber jetzt mal ehrlich gesagt, wenn die ganzen indischen Paters nach Deutschland kommen, dann hasse doch irgendwann Priestermangel in Indien. Na, von mir aus können ja dann irgendwann die Sauerländer nach Indien gehen. Die Gerda war auf jeden Fall ganz inne Begeisterung wegen der indischen Paters. Dat wäre doch mal wat Neues und dann käme sicher auch wieder frischer Wind inne Sauerländer Kirche.
Hömma, wieso brauchen die frischen Wind aus Indien? Dann hätten sie mal nicht so viele Windräder aufstellen sollen. Außerdem machen die doch immer Werbung, dat im Sauerland so viel guter frischer Wind weht.

Natürlich war mir ziemlich schnell klar, wieso die Gerda so inne Begeisterung für die indischen Paters war. Die is nämlich ein Riesenfan von diesen Bollywood-Gedöns. Dat sind Filme, die immer freitags im Fernsehen auf so einem RTL-Sender laufen, wenn ich im Zweiten den Freitagskrimi sehe oder im Ersten wat fürs Herz.
Wenn ich da genauer drüber nachdenke, dann sehe ich vor meinen geistigen Auge die kfd von Schnüttentrup in bunten Seidensaris mit Glöckchen anne Beine und Hände um den Altar tanzen. Tag und Nacht müssen zwei Messdienerinnen dat Weihrauchfass schwenken, Kerzen und Teelichter brennen ununterbrochen inne ganzen Kirche. Die guten Sauerländer Kühe dürfen nicht mehr geschlachtet werden und überall rumlaufen (auch inne Kirche???) – zur Kommunion gibt dat jeden zweiten Sonntag Reis, alle Katholiken ausser Gemeinde werden Vegetarier, für die alljährliche Gruppen-Krankensalbung werden indische Schwestern eingeflogen ... irgendwie eine sehr interessante Vorstellung.
Da ergeben sich doch auf einmal noch ganz andere Perspektiven: Wie sähe dat denn aus, wenn der Bischof Paters aus Brasilien einkauft? Dann würde doch irgendwie alles fröhlicher, so mit Trommeln und Samba inne Kirche, die Gemeinde sitzt um den Altar und würde inne Bibel lesen und alle dürften sagen, wat sie selber verstanden haben oder auch nicht, wie bei diesen Basisgemeinden, die Kinder dürften inne Halbzeit – also sagen wir mal nach dem Eingangslied und vor dem Segen – Fußball spielen und würden lernen, fair und ohne Faul miteinander zu spielen, und zum Frühschoppen gäbe dat Kaipirinha (hat mein Enkel uns mal gemacht zu Weihnachten – also so wat von lecker, da gab dat die Gans erst am Neujahrstag). Oder wenn so Paters aus Russland kämen: Dann kämen gleich die Don Kosaken mit und würden „Kalinka" singen – oder Paters aus

Frankreich, dann gäbe es echtes Baguette zur Kommunion oder Paters aus Afrika, dann würden wir die Bibel gerecht teilen und zur Gabenbereitung tanzen.
Irgendwie hört sich dat doch ziemlich spannend an – irgendwie lebendiger und mal wat anderes.
Jetzt hatte ich der Gerda gar nicht mehr richtig zugehört, sie erzählte irgendwie wat von unbeschuht, so hieß der Orden, wat mit unbeschuhten Kamelen.
Wie, sag ich, die bringen Kamele mit? Können die denn im Sauerland überleben? Aber wat 'ne schöne Vorstellung: drei indische Paters mit Kamelen durch dat Sauerland!!! Wie die drei Heiligen Könige! Die Kamele könnten die dann doch super an die Sternsinger ausleihen, im ganzen Bistum – dat gäbe auch wieder zusätzliche Einnahmen und die Menschen würden den Sternsingern richtig ordentlich wat spenden, wenn die mit echten Kamelen kommen.
Nein, unterbrach mich Gerda bei meinen kühnen Träumen, nicht Kamele! Der Orden hieß wat mit unbeschuhter Ka-**r**-mel.
Also, sag ich, dat hab ich ja noch nie gehört, gibt dann denn auch beschuhte Paters? Dat wüsste sie jetzt auch nicht und dat wäre auch egal, denn ihre wären unbeschuht.
Ich sag zu der Gerda, also jetzt mal ehrlich, wie kann der Bischof denn unbeschuhte Paters fürs Sauerland einkaufen, dat is da doch viel zu kalt, gerade im Winter, wo ihr doch auch Schneefall habt. Dat is doch gegen die Menschenwürde!
Ja, sie fände dat auch komisch, aber so wäre es jedenfalls und sie müsse jetzt auch auflegen, weil sie noch die Wachsflecken aussem Altartuch machen müsste.
Irgendwie ließ mich das mit den unbeschuhten Paters aber nicht zur Ruhe kommen – und dann hatte ich die rettende Idee. Alle kfd's – also alle Frauengemeinschaf-

ten aus dem Erzbistum werden aufgerufen, für alle unbeschuhten indischen Paters im Sauerland oder auch anderswo Socken zu stricken – aber am besten mit Gumminoppen drunter und für den Winter extradicke mit Filzeinlage, denn von unbesockten Paters ist ja nicht die Rede. Dann bekommen sie wenigstens keine kalten Füße – im kalten Sauerland!

Woanders aber auch!

Jetzt muss ich hier mal ordentlich Dampf ablassen. Ich bin ehrlich gesagt ziemlich geladen. Ständig und überall hörst und liest du inne Kirche nur noch davon, dat wir wat Neues ausprobieren, neue Wege gehen, „alte Zöpfe" abschneiden, nach vorne schauen müssen usw.
Nun ist dat ja im Prinzip nicht falsch und ich bin da grundsätzlich auch für. Wir haben mit unserer kfd – also mit der katholischen Frauengemeinschaft – auch schon ganz schön viel Neues ausprobiert. Aber da komme ich später noch drauf zurück. Es geht darum, dass dat, wat aber auch noch da ist, anscheinend gar nix mehr wert ist! Und dat bringt mich so richtig auffe Palme.
Aber jetzt mal schön der Reihe nach:
Ich komme ja in unserer Republik viel rum. Die Leute wissen nämlich schon seit einiger Zeit, dat ich 'ne echte Konifäre für die Belange vonne Gemeindearbeit bin. Da war ich in diesem Frühjahr eingeladen zu einem Vortrag bei einer kfd-Gruppe in einem Ort, wo ich den Namen jetzt nicht nenne, weil ich den auch gar nicht mehr genau weiß.
Vor einigen Jahren hatte der Bischof oder der oberste Pfarrer oder der Kirchenvorstand oder alle zusammen, wer weiß dat schon genau, beschlossen, die Kirche vonne heiligen Elisabeth zu schließen und zu verkaufen. Weil es die allgemeinen Sparvorgaben vonne Kirchen-

leitung gab und weil die neue Bibliothek oder dat neue Museum vom Bischof doch etwas teurer als gedacht war. Jetzt ist inne ehemaligen Lisbethkirche die Volkshochschule drin und dazu noch ein Jugendzentrum mit Kletterwand im alten Kirchturm.
Die Idee find ich gar nicht schlecht, so kommen wenigstens mal wieder ein paar Jugendliche inne Kirche rein, auch wenn dat gar keine mehr ist. Die Damen vonne kfd fanden dat natürlich nicht wirklich schön, haben sich aber irgendwie mit der Situation arrangiert. Der monatliche kfd-Frauengottesdienst fand dann eben im Pfarrheim statt. Da sitzt man auch viel näher beieinander und im Winter ist dat nicht so kalt. Der Pastor hatte der kfd gesagt, von ihm aus könnten sie dat machen, aber ohne ihn. Er müsste sich um wat anderes kümmern.
Da haben die Damen gesagt, auch gut, Gottesdienst können wir auch alleine. Es gibt ja genug Anregungen und sogar ganze Bücher für Frauengottesdienste und am Ende waren die Gottesdienste sogar viel schöner und der Platz im Pfarrheim reichte kaum aus!
Wenige Jahre, also genauer gesagt zwei Jahre später, hieß es dann auf einmal, dat Pfarrheim würde ab nächsten Monat anderweitig vermietet und könnte nicht mehr genutzt werden. Die Mieteinnahmen würden nämlich gut gebraucht für die neuen Kirchenglocken oder dat neue Kupferdach oder die neue Marienstatue oder den neuen Pfarrersgarten ... wat weiß ich ...
Überhaupt sollte die kfd vonne heiligen Lisbeth mit der kfd vonne Hauptpfarrei fusionieren und die Damen sollten sich nicht so anstellen.
Jetzt war dat da aber so, dass es sich nicht nur um 20 Frauen jenseits der 85 Jahre gehandelt hat, sondern es waren über 300 Frauen, die zu der kfd gehört haben und dat hätte ich mal sehen wollen, wenn die 300 Frau-

en zum Kaffeetrinken und für'n Vortrag zu der anderen kfd gestoßen wären und wer da dann die ganzen Stühle geschleppt hätte. Der Kirchenvorstand oder der Pfarrer oder Bischof bestimmt nicht.
Hömma, die waren ja auch noch richtig aktiv, nicht so lahm und von gestern, wie ich dat auch schon erlebt hab in manchen Gemeinden und auch bei der kfd. Die haben noch im vergangenen Jahr einen Adsventsbasar gemacht, wo über 5000 Euro Gewinn für 'ne Schwester in Tansania rauskam, und sind mit zwei Bussen zur Betriebsbesichtigung von som Bio-Bauernhof gefahren und bei denen is' nicht der eigene Pastor für'n Vortrag gekommen, sondern so'n richtig berühmter Pater vonne Benediktiner aus Rom.
Ich sag mal so: Da hätten wir bei uns in Dortmund bei meiner kfd ein paar Frauen von gebrauchen können, aber die waren nicht zum Umzug zu bewegen, weil Dortmund ja nicht umme Ecke liegt.
Die Frauen allerdings hatten nach diesen Geschichten so wat von den Kaffee auf, dat sie gesagt haben, jetzt reicht es ihnen. Sie machen nicht mehr mit – wie unser Omma, nur viel jünger!
Jetzt mal ehrlich: Da muss doch jedem Bischof oder von mir aus auch jedem Pfarrer oder wat weiß ich wem dat Herz bluten, meins hat jedenfalls geblutet.
Kann dat sein, dass dat denen da oben komplett egal is, was mit denen da unten los ist? Hauptsache neue Wege, die am besten noch Geld bringen?
Ich sag mal so: Jahrzehntelang haben die Frauen inne Gemeinde dafür gesorgt, dass es beim Gemeindefest immer leckeren Kaffee und Kuchen gab – meistens auch noch Bratwürstchen und Reibeplätzchen und wenn Not war auch noch Bier und Wasser und dat hinterher das Gemeindehaus wieder schön sauber war.
Die Frauen haben jahrzehntelang schöne Kindergottes-

dienste vorbereitet und die Kinder auf die Erstkommion vorbereitet; sie haben Gemeindebriefe ausgetragen, die Alten zum Geburtstag besucht oder wenn sie krank waren; sie haben den Rosenkranz gebetet und im Mai schöne Blumen aussem eigenen Schrebbergarten zur Maria inne Kirche gestellt. Sie haben dafür gesorgt, dass bei der Sternsingeraktion die drei kleinen Könige astreine Königsgewänder anhatten und dass dat Krippenspiel am Hl. Abend reibungslos lief. Sie haben neue Kuchenrezepte ausprobiert und neue Lieder gesungen,

die Frauengottesdienste selber vorbereitet und sich weitergebildet über Homöpathie inne Wechseljahre und Gesundleben mit Hildegard von Bingen. Sie haben Ausflüge organisiert zu Klöstern, Pergamentenwerkstätten und Bekleidungsfirmen, haben die Altardecken gemangelt und Osterkerzen für Kenia verziert; haben den eigenen Gatten zu Hause vorm Fernseher geparkt, wenn der Pastor anrief ... und Socken gestrickt für den Adsventsbasar. Da könnte ich noch seitenlang weiterschreiben, wat mir da alles einfällt – aber Ihnen fällt da sicherlich noch selber wat ein.
Und dann musst du dir als engagierte Frau ausser Gemeinde immer wieder anhören: Kaffee und Kuchen, dat ist doch nicht mehr zeitgemäß. Jetzt hör mir doch auf! Als ob Kaffee und Kuchen nix wären! Da könnte ich direkt 'nen ordentlichen Kaffee gebrauchen – aber mit einem Riesenschuss Konjak, so inne Erregung bin ich drin. Wat wir allein mit unsern Kaffee und Kuchen schon neue Wege gegangen sind!
Wat haben wir uns in den 80-er Jahren den Magen verdorben mit diesem Nicaragua-Kaffee ausse Einen Welt. Aber dat war doch richtig, dat wir da ein bisschen gelitten haben, genau wie die Kaffeebauern, weil sie nix für den normalen Kaffee bekommen haben.
Zum Glück gibt dat ja heute den kfd-Kaffee ausser Einen Welt, den gibt dat sogar als Schonkaffee. Die Frau Halluschka meinte neulich noch, dat sie von dem kfd-Kaffee immer so wunderbar schlafen könnte (meistens sogar schon beim Vortrag danach), aber wir sagen auch immer, dass da null Koffein drin ist, dat merkt ja sowieso kein Mensch.
Und dann mit unseren Kuchen: Wir backen unseren Kuchen immer passend zur Jahreszeit und das schon seit 40 Jahren, wo dat ja eigentlich heute erst wieder in ist, nach der Jahreszeit zu kochen. Im September/

Oktober gibt dat immer schönen Apfel- oder Zwetschgenkuchen (je nach Ernteergebnis aus Omma und Oppa Kaschinskis Schrebbergarten), im Sommer gab dat auch schon Erdbeerkuchen, dann aber vonne Bäckerei Ackerschrott (schön mit Pudding untendrunter und 'ne feine Schicht dunkle Schokolade, damit der Boden nicht durchsuppt), die Sahne schlagen wir dann selbst, dann ist sie schön frisch und auch billiger. Inne Fastenzeit gibt dat nur trockenen Streuselkuchen oder auch schon mal Butterkuchen mit Zucker und Mandeln oben drauf, zur Adsventsfeier natürlich Stollen und Spekelatius, im Januar dann noch mal Stollen und Spekelatius und Lebkuchen, die Reste müssen ja aufgegessen werden, usw.
Der Höhepunkt ist aber immer im November, wenn Omma Püschel Geburtstag hat. Sie ist die Königin des Frankfurter Kranzes – dat muss ich neidlos zugeben als Königin der Schwarzwälder Kirschtorte – und stiftet immer drei zu unserem Treffen.
Wer von all den Bischöfen, Pastören und sonstigen schlauen Leute, die immer wat Neues wollen, würde da nicht hinschmelzen bei dieser unglaublich zarten Buttercreme und den knusprigen, selbstgemachten Krokant von Omma Püschel. Da fängse auf einmal an, dat Althergebrachte und auch noch Selbstgemachte zu lieben und zu ehren und mehr als zwei Stücke kannse da gar nicht runterkriegen, weil dat auch noch so große Stücke sind ...
Und glaubse, wir würden bei Kaffee und Kuchen schweigend nebeneinander sitzen und da liefe sonst nix ab? Pustekuchen! Ja, heißt dat denn, da wär nur Tratsch und Klatsch. Natürlich wird da auch getratscht – aber nur dat, wat wirklich wichtig is inne Welt oder inne Gemeinde oder eben zu Hause. Und dat gehört doch auch dazu. Dasse Bescheid weißt, was bei den anderen los ist

und wie die Kinder und Enkelkinder geraten sind oder eben auch nicht und dass die Predigt vom Pastor wieder wunderbar war, obwohl du kein Wort verstanden hast, und wer geheiratet hat und wer gestorben ist und wer im Krankenhaus liegt und wer 'ne neue Hüfte hat und wer seinen schäbbigen Ausschlag nicht wegkriegt oder dass der Doktor Höttel keine Patienten mehr annimmt und du bei der Frau Doktor Spang so lange warten musst und dass es im Supermarkt so günstigen Spargel gegeben hat und dass die Brötchen beim Aldi nicht schmecken und du lieber auffem Markt den Blumenkohl kaufen sollst. Und dasse dich austauschst über die alten Zeiten und die jungen Dinger, die nur noch mit ihren Ohrstöpseln rumlaufen, und wen du schon lange nicht mehr inne Kirche gesehen hast und dass deine Nachbarin im Pflegeheim ist und sich an nix mehr erinnert und der dicke Oppa Grindel ins Gras gebissen hat und wat der BVB macht und dass die KAB im Gemeindehaus mal wieder nicht gelüftet hat.

Dat ist doch auch dat Leben und wichtig, gerade auch für die, die sonst alleine zu Hause sitzen oder nicht mehr so gut zu Fuß sind oder schon ein bisschen wirr im Koppe oder einfach nur Freundinnen sind – auch mit 85! Und dann nimmt die Kirche denen einfach dat Gemeindehaus weg?! Da bin ich sowas von inne Empörung, dat kann ich gar nicht beschreiben! Aber es nützt ja alles Jammern nicht, es ist, wie es ist. Eines aber sei allen gesagt, die immer behaupten, Kaffee und Kuchen sei von gestern. Mir ist da wat wie Schuppen aus den Haaren gefallen bei der Taufe von unseren jüngsten Enkel, dem Mats-Kevin. Der war da zwar schon 9 – also kein Baby mehr – und kurz vor der Erstkommion – aber dat tut hier nix zur Sache.

Der Pastor bei der Taufe war ein guter Bekannter von früher noch vom Heinz-Peter, dem Vatter vom Mats-

Kevin, von unserm Schwiegersohn. Der sagte, nachdem er dat Wasser übern Kopp von dem Jungen geschüttet hatte, dat er ihn jetzt noch mit dem Öl vom Krisam einreiben würde. Denn Christus heißt (in unsere Sprache übersetzt) „der Gesalbte". Folglich heißen wir als Christen ja auch „die Gesalbten". Und deshalb sind wir alle – also alle getauften Christinnen und auch Christen auf der ganzen Welt – mit Öl eingesalbt – von außen. Also so gut hat mir dat noch kein Pastor erklärt. Und in dem Moment kam mir die Erleuchtung!

Öl und Sahne – oder auch Buttercreme, dat is ja im Prinzip dat gleich, also vonne Grundsubstanz her: ölig und geschmeidig, fettich ja auch irgendwie - und macht glänzend und froh. Dat heißt doch, dat im Prinzip jedes Stück Schwarzwälder Kirschtorte oder jedes Stückchen Frankfurter Kranz eine Salbung ist – allerdings nicht von außen, sondern von innen.

Und wenn du dann noch drüber nachdenkst, dat unser Herr Jesus Christus ja selber auch gerne mit den Menschen zusammen war und gefeiert hat und dat wir uns „drüben" im Himmel auf dat große Hochzeitsfest mit Hochzeitstorte und Wein und Tanz und allem freuen sollen, dann ist doch die Freude hier jetzt schon vollkommen!

Wenn du also demnächst kein Gemeindehaus oder Pfarrheim mehr hast, weil irgendwer dat abgerissen oder verkauft hat, dann triffst du dich eben mit deinen kfd-Schwestern im Café oder beim Bäcker. Oder im Wohnzimmer mit deinen liebsten Freundinnen oder im Pfarrbüro mit der Pfarrsekretärin oder im Westfalenpark. Und dann essen wir ganz genüsslich und voller Begeisterung Stück für Stück die schönsten Torten.

Und erinnern uns bei jedem Bissen daran, dat wir gesalbte Christinnen und Christen sind – von außen und vor allem von innen!

Da geht noch was

Nun ist es ja nicht so, dat wir uns in meiner Frauengemeinschaft keine Gedanken über Neuerungen machen würden und wenn Sie dat bis hierher geglaubt haben, sind Sie auf dem Holzweg!

Wir haben nämlich schon vor einiger Zeit in einer unseren Teamsitzungen erkannt, dass es eine sehr ernste Problemattik mit dem Nachwuchs gibt. Also jetzt nicht mit dem eigenen, sondern mit dem Nachwuchs bei den Kirchen im Allgemeinen und bei der kfd im Besonderen. Uns war klar, dat wir uns unbedingt wat Neues überlegen müssen, um auch mal Jüngere anzusprechen.

Es ist Ihnen bestimmt noch nicht aufgefallen. Aber: TEAM, dat is ja im Grunde auch schon wat Neues. Früher gab dat nur einen Vorstand – heute gibt dat ein Team.

Ich bin die Vorsitzende von unserem Team. Ich mache dat schon seit 27 Jahren und habe mir die silberne kfd-Nadel hart erarbeitet. Es is ja jetzt auch nicht so, dat wir nur Kaffee trinken und Kuchen essen. Im Gegenteil! Wir haben danach immer sehr schöne Vorträge. (Es ist wichtig, dass die Vorträge nach dem Kaffeetrinken sind, sonst halten die Damen dat nicht aus und zu spät sollse ja auch nicht mehr Kaffee trinken, sonst kannse nicht schlafen.) Mal kommt unser katholischer Apotheker zum Vortrag, dann auch schon mal der eigene Pastor.

Neulich haben die beiden sich im Termin vertan. Da kam der Pastor am Tag, wo eigentlich der Apotheker dran war. Da musste unser Pastor wat über Hämmoriden erzählen – ich meine, dat Thema stand im Programm, da kannse auch nicht über irgendwat anderes reden, die Frauen hatten sich ja darauf eingestellt. Aber ich muss sagen, er hat dat sehr gut gemacht. Er hat einfach aus eigener Erfahrung berichtet und hinterher auch noch 'ne Salbe empfohlen, die ihm gut geholfen hätte, und da hatte der Apotheker dann auch wat von.
Der Apotheker hat später einen sehr schönen Vortrag über dat Klimakterium – also über den Klimawandel bei Frauen –, gehalten, ob man da mit Kräutern und Tees wat lindern kann. Gut, die meisten von uns können sich daran gar nicht mehr erinnern – also an den Klimawandel –, aber es war trotzdem sehr kurzweilig.
Seit einiger Zeit bieten wir sogar wat mit Sport an, nämlich Pilatus für Jung und Alt. Pilatus, dat kennen ja jetzt nicht alle, dat is so 'ne Art Sport, also – nicht so richtig Sport. Die Übungsleiterin hat uns dat genau erklärt. Und zwar sagt sie, dat Pilatus 'ne Sportart ist, die extra entwickelt worden ist für Katholiken. Wenn ich dat jetzt richtig behalten hab, dann is' Pilatus Anspannung und Entspannung in einem. Dat können Evangelische nicht so gut, wir Katholiken üben dat ja schon seit zweitausend Jahren. Ich könnte Ihnen dat jetzt vorturnen, aber dat bringt Ihnen ja auch nix, weil Sie mich dabei nicht sehen können. Also, einen Kurs in Ihrem Gemeindehaus oder bei der Volkshochschule besuchen und selber üben.
Nun zurück zum eigentlichen Thema.
Wir wollten ja wat richtig Neues machen und da hatten wir tatsächlich nach längerer Überlegungszeit (nach zwei Jahren) eine super Idee. Und zwar haben wir uns gedacht, wir könnten doch eine Miss-Wahl veranstal-

ten, dat sieht man ja auch immer mal wieder im Fernsehen und inne Zeitung. Da müssen die Damen vor einer Juri schön elegant über einen Laufsteg gehen und die Schönste und die Klügste wird die Miss.
Wir haben natürlich gedacht, wenn wir 'ne Miss-Wahl veranstalten, muss dat ja auch irgendwat mitte kfd und der Gemeinde zu tun haben. Und da fiel unser Herta Hermann ein, dat wir doch eine Miss-Rollator-Wahl machen können. Wir andern im Team waren sofort inne hellen Begeisterung drin.
Jetzt haben wir leider nicht so einen schönen großen Saal in unserm Gemeindehaus. Aber wir würden einfach inne Kirche gehen und dort die Bänke verschieben (da müssten unsere Ehegatten, sofern sie noch belastbar sind, mal helfen), so dass da, wo früher der Mittelgang war, so 'ne Art Parkuhr entstehen würde. Und da müsste die Bewerberin dann mit ihrem eigenen Rollator durch – bis nach vorne vor die Altarstufen und wieder zurück und der Pastor würde dazu Texte von Anselm Grün vortragen.
Ach so, dat Mindestalter für die Teilnahme wäre 70 und die Siegerin würde ein Jahr Mitgliedschaft bei der kfd gewinnen – ohne zu bezahlen.
Wir hatten dat gerade alles so schön durchgeplant und vor unserem geistigen Auge war dat alles schon fertig und die Miss gekrönt, da kam doch mal wieder unser Hilde Helmchen zu spät zu der Teamsitzung. Dat ist wirklich unglaublich. Eine kommt immer zu spät zu jeder Sitzung und in 99 Prozent aller Fälle ist dat unser Hilde – hömma, die kommt gleich hinterm Pastor. Und dann sofort am stänkern dran. Nee, sagt sie, wir müssten doch auch gerade mal vonne kfd aus an die gesamtdesolate Finanzsituation vonne Gemeinde denken und da könnten wir doch auch mal einen kreativen Beitrag leisten und sie hätte da ein super Idee. Und zwar

meinte sie noch, sie hätte dat sogar mal im Fernsehen gesehen und dat wäre eine ganz tolle Sache.
So – und jetzt halten Sie sich fest: Die Hilde sagt, dat wir – also unser kfd-Team – von uns schöne Fotos machen lassen würden und die Fotos würden wir dann nehmen und reinkleben in einen Kalender und den Kalender verkaufen zur Rettung vonne Kirchengemeinde.
Grundsätzlich 'ne schöne Idee, aber es geht noch weiter. Die Fotos von uns wären allerdings nicht normal, also wir wären darauf nicht normal (mit Kopf, Hut und Kostüm), sondern wir wären – ich trau mich dat gar nicht zu schreiben – wir wären auf den Fotos ... nackig.
Ich sag: Hilde, bist du des Wahnsinns fette Beute??? Dat kann doch nicht wahr sein, wat hass du denn für Ideen???
Nein, sagte sie, jetzt warte doch mal: Wir wären ja nicht komplett nackig. Dat Einzige, wat vor de Nackigkeit wäre, wäre zum Beispiel 'ne Gießkanne mit dem kfd-Logo vorne drauf. Na, da hätte ich aber lieber ein Regenfass vor mir.
Also, ich weiß nicht, dat kommt mir doch ziemlich heikel vor. Die anderen im Team waren im Gegensatz zu mir Feuer und Flamme für die Idee. Die sahen sich schon selber im Fernsehen mit ihrem Kalenderfoto.
Zum Glück fiel mir ein, dat wir in unserem Team nur zu fünft sind. Dat kommt doch gar nicht hin für einen Kalender, da brauchse doch mindestens zwölf Fotos... also zwölf Personen. Aber dann fiel mir doch 'ne glorreiche Idee ein, um den Kalender zu verhindern. Ich sag: Hilde, ich mach da nur mit, wenn da auch die Männer aussem KAB-Vorstand mitmachen, die brauchen auch nur eine kleine Gießkanne für ihre Nackigkeit. Da meinte sie, mit denen hätte sie schon geredet und die wären dabei. Da hab ich ja überhaupt nicht mit gerechnet!!
Ach nee, ich weiß nicht, dat ist doch aber irgendwie

komplett heikel: so'n Kalender mit nackige Vorstände zur Rettung vonne Kirchengemeinde – oder?
Ich sag: Hilde, also ehrlich, ob dat inne Gemeinde ankommen würde? Und als letzten Ausweg aus der Situation sag ich zu ihr: Wat wird denn unser Pastor dazu sagen?
Ja, sagt die Hilde, da brauchse dir keine Gedanken machen, von dem stammt ja die Idee. Er will aufs Titelblatt!
Na, da waren wir alle aber mal so richtig platt und brauchten erst mal ein Eierlikörchen zur allgemeinen Beruhigung der Gemüter.
Nur ehrlich gesagt: Wir haben dat ganze Thema dann doch erst mal vertagt – auf dat Jahr 2021. Aber falls es irgendwo schon so einen Kalender gibt oder Sie die Idee so toll finden, dat Sie dat selber machen wollen, schicken Sie mir unbedingt ein Exemplar zu!

Es geht noch mehr - sogar an Weihnachten

Ich gehe jetzt mal davon aus, dat Sie wissen, wat eine Christmette ist. Eigentlich ist dat ja nach der Erstkommionfeier der schönste Gottesdienst im ganzen Kirchenjahr – also sollte es sein. Aber da unser Pastor seit dem Pastoralen Verbundsgedöns am Heiligen Abend gleich vier Christmetten in vier Gemeinden feiern muss und das ohne Führerschein, is' in den letzten Jahren die Feierlichkeit und die Schönheit ziemlich zu kurz gekommen.

Ich meine, 'ne Christmette inner dreiviertel Stunde is' dann doch recht flott, vor allem wenn der Pastor in der kurzen Zeit den Leuten auch noch die Leviten liest, weil sie im ganzen übrigen Jahr nicht inne Kirche kämen und nur wegen der guten Stimmung am Heiligen Abend da wären, und wenn sie den Rest vonne Predigt horen wollten, müssten sie mit ihm inne nächsten Gemeinde fahren und er suchte auch noch 'ne Mitfahrgelegenheit.

Ich muss gestehen, dat ich nach dieser Gardinenpredigt, wo ich mich ja eigentlich gar nicht angesprochen fühlen musste, weil wir ganz regelmäßig inne Kirche gehen, ziemlich bedient war. Früher, da hasse noch beim Transeamus oder beim O du fröhliche mit 12-

stimmigen Chorgesang und Trompetensolo ordentlich Pippi inne Augen gehabt, aber da war ich meilenweit von entfernt. Die schlechte Stimmung ausser Kirche hat sich dann unweigerlich inne eigenen vier Wände übertragen, nicht nur, weil mein Herbert und auch die Kinder und Enkel froh waren, so schnell wieder zu Hause unterm Christbaum zu sitzen, und ich darüber dann auch noch stinkig war, weil die Feierlichkeit inne eigenen Familie nix mehr zählt. Ich habe dann wohl vom Glühwein ein Gläschen zu viel getrunken und muss nach dem fünften Glas in einen seligen Traum abgedriftet sein. Und der war so schön, dat ich dat unbedingt mit Ihnen teilen muss:
Ich hatte meinen Herbert überreden können, dat wir am Heiligen Abend ausnahmsweise nicht inne eigenen Kirche zur Christmette gehen, sondern inne Hildegard-von-Bingen-Kirche. (Im Wachzustand weiß ich auch nicht, wo die sein soll, hört sich aber gut an.) *Wir wurden am Eingang von einem sehr gut gebauten, jungen Mann mit lockigem Haar begrüßt, in kurzen Hosen und Muskelshirt* (und das im Winter!)*. Er stellte sich auch sogleich vor, dat er der Küster vonne Hildegard-von-Bingen-Kirche sei. Dann reichte er mir einen flauschigen, schneeweißen Bademantel und meinte, dat ich mich inne Sakristei umziehen könne. Ich sag zu ihm, ja, aber wir wollten doch nur inne Christmette, mein Herbert und ich. Allerdings war von meinem Herbert gar nix mehr zu sehen. Ja sicher, meinte er, dat is ja hier eine Christmette – aber für alle Sinne. Und dann hat er mir erklärt, wat inne folgenden vier Stunden auf mich wartet. Am Weihwasserbecken gab es verschiedene Fläschchen mit Wasser aussem Jordan mit Duftkräutern, die der Fernsehkoch Alfons Schuhbeck persönlich in den Alpen gepflückt hatte. Da konnte man sich ein Duftwässerchen aussuchen und dann zum Taufbecken gehen und ein entspanntes Bad*

nehmen. Ich sag zu dem Küster, dat ich doch schon getauft bin, aber er meinte nur, dat sie dat Tauf- und Badebecken ganz neu gebaut hätten – aus echtem Carera-Marmor aus Sizilien – und dat wäre eine echte Wohltat, darin zu baden. Danach könnte ich mir im linken Weihwasserbecken ein hawaianisches Duftöl aussuchen und zu den Heiligen Drei Königen im rechten Seitenschiff zu einer Massage gehen. Im Sinne der Gleichberechtigung gäbe es im linken Seitenschiff eine Massage von den Drei Heiligen Königinnen. Nach dieser schönen, entspannenden Massage könnte ich dann noch in den Krippenstall hinterm Altar gehen zu einem arabisch-orientalischen Weihrauchritual mit Strohabreibung. Und zum Abschluss gäbe das dann noch eine ganz persönliche Live-Predigt mit ganzheitlicher Auslegung und intensivem Segensritual mit Handauflegen von Pfarrer Egon Samishwari Hadschi Owambo Schulze. Och, sagte er und schaute auf seine Uhr, er müsse jetzt noch schnell zum Rosenblütenaufguss in die Beichtstuhlsauna für Omma Püschel!
Und da bin ich leider wachgeworden und statt Rosenblütenduft kroch Rosenkohlduft ausser Küche durchs Wohnzimmer, weil mein Herbert sich die Reste vom Heiligen Abendessen inne Mikrowelle warm gemacht hatte. Und Rosenkohlduft is noch lange nicht Rosenblütenduft! Männer!

Ohne Familie geht nix!

Jetzt werden Sie sich wahrscheinlich wundern, aber wir müssen vonne Kirche und Gemeinde doch mal kurz weggehen inne Realität rein. Und dat Thema, worum es hier geht, heißt Familie. Im Grunde hasse bei dem Thema schon seit einiger Zeit dat Gefühl, dat unsere Kirche da aber komplett den Bezug verloren hat. Vor kurzem hat doch unser Papst Franziskus, der übrigens einen sehr guten Eindruck auf mich macht, zu einer Familien-Sünode nach Rom eingeladen. Und da daran normalerweise nur Bischöfe teilnehmen dürfen, hat der Papst zum ersten Mal inne gesamten Kirchengeschichte 'ne Umfrage gestartet.

Ich habe mehrmals unserem Pastor und auch unserer Gemeindereferentin gesagt, dat ich unbedingt an dieser Umfrage teilnehmen will, weil ich ja quasi Betroffene bin, also 'ne Familie habe – aber keiner konnte mir sagen, wo es den Zettel mit der Umfrage gab. Dat kann doch mal echt nicht wahr sein! Da passiert wat inne katholische Kirche zum ersten Mal seit 2000 Jahren und dann kannse da nicht mitmachen wegen kompletter Ahnungslosigkeit von dem verantwortlichen Bodenpersonal. Also ehrlich, da hat der Papst noch viel zu tun und ich konnte sehen, wie ich ausser inneren Wallung rauskam.

Aber irgendwie lässt mich dat Thema nicht los und das

aus einem ganz realen Grund. Inne Zeitung habe ich nämlich gelesen, dass bei dieser Sünode nicht nur die Bischöfe dabei sind, sondern auch noch schlaue Theologen dazu kommen sollen, die dat Thema durchdiskutieren. Irgendwie fehlt da doch wer – oder? Wo sind denn da die Familien?
Und jetzt überlegt mal! Da sind bei dem Treffen nur Männer anwesend, die selber keine eigene Familie haben dürfen – also jetzt als Mutter und Vatter. Dat ist doch irgendwie sehr einseitig.
Es ist doch so: Bischöfe kennen Familie ja eigentlich nur als Kind und unser Bischof von Paderborn sogar nur als Kind im Sauerland – wat an sich ein großes Glück ist, denn zumindest damals, als er jung war, war die Welt im Sauerland ja noch in Ordnung. Die Mutter war zu Hause mit der Kinderschar und hat den Haushalt tiptop in Ordnung gehalten. Der Vatter war auffem Feld oder im Wald oder auch bei der Arbeit. Die Kinder hatten ja nix weiter als Natur und Kirche. Also, da warsse als Kind im Schützenverein und bei den Messdienern und dann ging dat Leben seinen geregelten Gang: Messdienerjunge, Messdienerleiter, Theologiestudium, Diakon, Vikar, Pfarrer, Weihbischof, Erzbischof – und die Mamma macht immer noch den besten Apfelkuchen vom Sauerland und bügelt die Hemden am ordentlichsten. Also dat jetzt mal nur als Beispiel für 'ne gelungene Familiengeschichte.
Aber im Grunde hat ein Bischof doch gar nicht richtig mitbekommen, wat sonst noch so alles abläuft in Familien, zum Beispiel im Ruhrgebiet oder von mir aus auch in Bielefeld. Ich muss da ja jetzt gar nicht inne Tiefe gehen – da können Sie als Leserin und Leser selber inne eigenen Familien reingucken, da wissen Sie genau, wat los ist.
Ich finde, dass unsere Bischöfe mal 'nen richtigen Ein-

blick kriegen müssten inne ganz realen Situation von einer ganz realen Familie und zwar am besten überall inne Welt. Jetzt ist natürlich die Frage: Wie kannse dat bewerkstelligen? Und ob Sie´s glauben oder nicht, ich habe die Lösung für diese Problemattik selber gefunden. Ich sag nur: Einladen!!! Ja sicher!
Wir müssen unseren Bischof zu uns nach Hause einladen, wo er ein paar Tage oder zwei Wochen mitleben und alles mitkriegen und auch alles mitmachen muss, wat in so einer Familie anfällt.
Ich habe wegen dieser Themattik bei der Dortmunder Kolpingsfamilie vorgesprochen – denn da steht der Name ja schon drin – also Familie – aber es war tatsächlich keine Familie von Kolping bereit, den Bischof bei sich wohnen zu lassen. Dat hat mich dann doch ziemlich inne Erschütterung gebracht. Der sollte doch ohne dat ganze Brimborium mitleben, also wie so ein Austauschschüler aus Frankreich oder Uruguay. Gut, ein ordentliches Bett braucht so ein Bischof schon, da geht keine Luftmatratze – hinterher hat er noch einen Bandscheibenvorfall
Also, mein Team vonne kfd meinte auch, da würden sie lieber noch 'nen Osterbasar organisieren! Dat ginge jetzt aber wirklich mit dem Ehrenamt zu weit. Da ich aber immer noch inne Begeisterung von dieser Idee war, habe ich gedacht: Erna, du musst mal wieder selber ran!
Ich hab die gesamte Themattik mit meiner eigenen Familie besprochen und zu meiner Überraschung waren die sehr aufgeschlossen.
Im Grunde haben wir ja auch dat Zimmer von unserer Jüngsten übrig, die wohnt schon seit einigen Jahren nicht mehr bei uns. Dat Zimmer ist immer noch in seinem Urzustand. Da könnte der Bischof problemlos nächtigen – gut, da hängen zwar noch die Britney-

Spiers- und Brad-Pitt-Poster anne Wand, aber wir würden einfach ein Poster vom Papst dazu hängen und dann passt dat schon.
Mein Herbert sah sich abends schon auffem Sofa mit dem Bischof sitzen mit einem schönen Fläschchen Bier oder zwei und bei „Wer wird Millionär?" würden sie munter mitraten oder Fußball-Championslieg schauen.
Unser jüngster Enkel, der Mats-Kevin, war inne kompletten Begeisterung. Er hatte nämlich mal gesehen, dat der Bischof so ein cooles schwarzes Auto hat und gar nicht selber fahren muss, sondern einen Fahrer hätte. Damit könnte der Bischof ihn doch zur Schule fahren und auch wieder abholen, zum Fußballplatz bringen und wieder abholen, zu seinen Freunden bringen und wieder abholen, zu Nachhilfe bringen und wieder abholen, zum Erstkommionunterricht bringen und wieder abholen, zur Logopädin bringen und wieder abholen, ins Schwimmbad bringen und wieder abholen usw. usw.
Die Mamma vom Mats-Kevin, also unsere Ute, fand die Idee super, da hätte sie dann selber endlich mal Zeit, in Ruhe ein Buch zu lesen oder shoppen zu gehen. Unser

Marie-Sophie-Chantalle fing zu allem Überfluss an zu heulen, ob der Bischof sie denn auch zum Ballett fahren könnte.
Sogar der Heinz-Peter, der Mann von unser Ute, fand die Idee toll. Er würde den Bischof auf jeden Fall mit ins Stadion auffe Südtribüne nehmen, aber nur in Zivil – also mit BVB-Schal und Käppi. Und dann wollte er ja immer noch die Eisenbahn auffem Dachboden aufbauen und da hätte der Bischof doch bestimmt auch Spaß dran. Mein Herbert rief sofort vom Sofa aus, er wäre auch dabei und da gab dat richtig Theater bei uns, weil die Männer den Bischof sofort nur für sich und ihr Vergnügen haben wollten.
Als ob dat keine Arbeit inne Familie gibt! Der Bischof muss in jedem Fall auch beim Einkaufen und Kochen helfen. Kartoffelschälen ist ja wohl dat Mindeste, wat ich erwarten kann, und Einräumen inne Spülmaschine muss auch sein und dann noch bei der kfd Tische decken (Kaffee kochen machen wir schon selber) und am Sonntag suchen wir im gesamten pastoralen Raum von Dortmund eine Kirche, wo ein Familiengottesdienst ist.
Danach säßen wir schön im Schrebbergarten von unser Ute und ihrem Heinz-Peter zusammen. Zuerst müssten wir ein paar Schnecken jagen, Johannisbeeren ernten und abzubbeln, den Grill heiß machen und Bier und Apfelschorle kaltstellen. Die Männer und der Bischof würden sich streiten, wie oft die Würstchen auffem Grill umgedreht werden dürfen und warum vegetarische Gemüsespieße unmöglich für'n Holzkohlegrill wären.
Und wir säßen alle gemütlich zusammen und nach kurzer Zeit würde dat schwule Pärchen von der linken Parzelle rübberkommen und Nackensteaks für'n Grill mitbringen und dann käme auch noch die irre Inge, die jedes Jahr 'nen anderen Kerl anschleppt – aber die beste Herrencreme aussem Schrebbergarten macht. Der

Heinz würde mit seiner Elfriede auch noch auf ein Bier vorbeikommen, der hat ja selber nur noch ein Bein und wird von seiner Gattin überall hingeschoben, wo der hin will oder nicht, obwohl die schon seit 45 Jahren inne wilden Ehe leben. Die Kinder würden auffem Trampolin springen bis die Würstchen Hallo sagen und hinterher würde wieder niemand aufräumen und ich hätte Theater mit meinem Herbert, weil alles an mir hängen bleibt. Und trotzdem würden wir uns des Lebens freuen und der Bischof hätte mal dat ganz normale Alltagsgedöns von einer Familie kennengelernt, mit allen Diskussionen und Stress und Sorgen und Kümmern. Am Ende der Woche traute sich unser Ute dem Bischof zu sagen, dat sie und ihr Heinz-Peter eigentlich gar nicht richtig verheiratet wären. Aber der erste Mann, mit dem sie auch vorm Altar stand, war ein Totalversager und hat sie damals ins Unglück gestürzt, weil er sie noch vor der Geburt vom Sören-Torben-Herbert hat sitzen lassen und mit einer anderen Frau abgehauen ist und sie sich ganz allein mit einem kleinen Kind in Berlin durchgekämpft hat. Und dann – als sie wieder in Dortmund war – hat sie mit ihrem Heinz-Peter dat große Los gezogen und sie wär so glücklich und dann wär der auch für ihren Ältesten so ein toller Papa und dann wären sie ja auch noch mal Eltern geworden von zwei Blagen und sie wäre so gerne bei der Erstkommion von ihrer Marie-Sophie-Chantalle zur Kommion gegangen und dat wäre ja vonne Kirche nicht erlaubt.
Und dann würde der Bischof sagen, wenn sie da ganz tief in ihrem Herzen den Wunsch zu hätte und wenn sie selber dat Gefühl hätte, dat jetzt alles richtig wäre und sie im Frieden auch mittem lieben Gott ist, dann sollte sie komplett darauf hören und einfach zur Kommion gehen, denn „Jesus lädt doch alle ein“. Und wenn der Bischof am Sonntagabend aufbrechen würde nach Pa-

derborn, dann würde er sich heimlich 'ne Träne abwischen und wir uns auch und am nächsten Morgen würde er anweisen, dat in Zukunft alle Priester und schlauen Professoren, sogar alle Diakone, die mal Priester werden wollen, 'ne Zeitlang in einer Familie mitleben müssten, damit sie inne Realität ankommen würden und er würde sogar dem Papst vorschlagen, dat alle Bischöfe auf der ganzen Welt dat so machen müssten oder selber eine Familie gründen müssen (aber dat is dann doch ein bisschen viel erwartet).
Gut, jetzt hatten wir natürlich dat Problem, dat ja schon meine kfd-Schwestern aussem Leitungsteam nicht inne Begeisterung waren, dat sie so'n Bischof bei sich aufnehmen sollten. Aber weiße wat, da könnte die Gemeinde doch einfach beim Gemeindefest 'ne Tombola veranstalten und da würde dann dat Los entscheiden, wer den Bischof oder den Pastor oder den Diakon bei sich aufnehmen muss.
Übrigens waren die Hermi Schlabottnik vonne Caritas und die Wilma Bassgang vonne Dortmunder Tafel die einzigen, die die Idee sofort großartig fanden. Sie hätten auch spontan ein paar Familien im Kopf, wo der Bischof aber ganz viel Realität erleben könnte ...

Frollein Kaminski geht anne Decke - und der Vikar auch!

Jetzt werden Sie sich sicherlich wundern, dat jemand inne heutige Zeit noch mit Frollein angesprochen wird. Ich bin da eigentlich auch gegen, aber dat Frollein Kaminski bestand da lange Jahre komplett drauf. Sie ist nämlich seit ewigen Zeiten unverheiratet und in unserer Gemeinde berühmt und berüchtigt. Aber jetzt mal vorne angefangen.

Frollein Kaminski ist von Hause aus Lehrerin für Religion und Geschichte, natürlich an einem Gynnasium, aber in Werne, lebte aber bei uns inne Gemeinde. Neben dem Beruf hat sie jahrelang unsern früheren Pastor betüttelt, also auch als der noch gar nicht alt war. (Jetzt liegt der ja schon ein paar Jahre auffem Süd-West-Friedhof.) Also betüttelt jetzt nicht im Sinne von Haushälterin. Aber sie hat immer aufgepasst, dat er ordentlich angezogen inne Messe und zu den Kirchenvorstandssitzungen ging, ist mit ihm die Predigt durchgegangen, die sind mehrmals – also jährlich – zusammen auf Pilgerfahrt gewesen nach Rom zum Papst oder nach Assisi zum hl. Franz oder nach Griechenland auf den Spuren des hl. Paulus oder inne Türkei auf den Spuren des hl. Paulus oder nach Irland auf den Spuren von irgendwem und sogar auch mal nach Israel.

Nun sorgte dat inne Gemeinde natürlich für Gesprächsstoff – aber andererseits war dat Frollein Kaminski immer so wat von fromm und saß in der Messe immer inner ersten Reihe. Die war die Erste, wenn dat ans Rosenkranzgebet ging und sie war am Schluss die einzige, die samstags noch zur Beichte ging.
Der erste Riss in ihren Leben war allerdings gravierend, dat hat sie mir mal beim vierten Gläschen Eierlikör nach einer Chorprobe erzählt.
Und zwar hat sie da im Wohnzimmer vom Pastor zwischen der Fernsehzeitung und der Bistumszeitung so 'ne komische Zeitung gefunden. Sie wollte da erst gar nicht den Namen von sagen, bis mir nach dem fünften Eierlikör endlich dämmerte, dat es sich um den Plaiboi handeln musste. Sie sagte immer nur was von nackige Frauen und dat könnte doch nicht die Möglichkeit sein, im Pfarrhaus so 'ne Schmuddelzeitung... Nach dem der Eierlikör alle war, sind wir beide dann zum Pfarrhaus, um mit dem Pastor Klartext zu reden.
Der Pastor war erst nicht da, aber dat Frollein Kaminski hatte ja 'nen Haustürschlüssel und dann ha 'm wir uns auf Pastors Sofa gesetzt und gewartet, bis er nach Hause kam. Dat dauerte nun ziemlich lange, weil er 'ne Sitzung in Paderborn hatte, aber wir haben uns an seinem Eckes-Edelkirschlikör gütlich getan und sind dann selig eingeschlummert.
Mitten inne Nacht wurden wir von einem ziemlich verstörten Pastor aufgeweckt, aber da hat er natürlich nicht mit uns gerechnet. Ohne Umschweife haben wir ihm dat Schmuddelheftchen vors Gesicht gehalten und da brauchte er dann erst mal 'nen Schnaps.
Er versicherte uns allerdings, dass dat ja gar nicht sein Heftchen wäre und er sich das doch auch in gar keinem Fall kaufen würde. Aber er hätte den Uli Bartikowsky – den Obermessdiener aus unserer Gemeinde – in der

Sakristei damit erwischt und dat ginge doch mal gar nicht. Und dass, wo er gedacht hätte, dass der Uli mal Priester werden würde und dann so'n Mist liest und da hätte er ihm dat Heft weggenommen, um die Seele von dem Jungen zu retten. Und er hätte dat einfach auf den Stapel mit den anderen Zeitungen gelegt und es dann irgendwie vergessen.
Also, ich habe ja auch schon mal bessere Ausreden gehört, da merkse, dass der Pastor nicht verheiratet ist. Aber er beschwor uns, dat er die Wahrheit sagt und als er merkte, dat wir ihm dat nicht glauben wollten, rief er um 2 Uhr inne Nacht bei Bartikowskys an. Der Vatter von Uli dachte, er hätte 'ne nächtliche Erscheinung am Telefon, aber als er den Ernst der Lage begriffen hatte, hat er seinen Sohn aussem Bett geholt und is' mit ihm auffem Moped zum Pfarrhaus. Und da hat der Uli dann alles zugegeben. Zur allgemeinen Erleichterung gab dat noch für alle einen Magenbitter (ausser für'n Uli natürlich, der ist ja erst 14 und kriegte ein Orangensaft).
Der Vatter vom Uli hat dann auch direkt dat Heft mitgenommen und wollte dat in den nächsten Altpapiercontainer werfen (wer's glaubt!).
So war die Welt von unserem Frollein Kaminski erst mal wieder inne Ordnung drin. Wat aber nicht lange vorhielt. Denn es kam unerwartete Konkurrenz ins Haus. Es gibt ja in unserer katholischen Kirche tatsächlich einen Beruf, den auch Frauen ausüben dürfen – also nicht Putzfrau, sondern Gemeindereferentin. Frollein Kaminski sagte immer „gemeine Referentin" – aber dat war nur ihre persönliche Meinung.
Irgendwie kam mit dieser Gemeindereferentin richtig Schwung inne Gemeinde rein, also nicht überall, aber et gab auf einmal Kindergottesdienste, die Erstkommionvorbereitung wurde bunter, wat im wortwörtlichen Sinne zu verstehen ist, wir vonne kfd lernten „Gestaltete

Mitte" kennen, wat allerdings bei der KAB zu Tumulten führte. Dat muss ich mal eben einschieben, da hat sich die Gemeindereferentin doch tatsächlich bei einer KAB-Versammlung zum Thema „Schöpfung bewahren" getraut, die Tische aussem Raum rauszuschieben, einen schönen Stuhlkreis hinzustellen und eine wunderschön gestaltete Mitte zu gestalten; mit grünen und blauen Tüchern, Blumen, kleinen Murmeln, selbstgesammelten Muscheln, kleinen Teelichtern und einen Klumpen Blumenerde aussem Pfarrgarten – aus dem dann im Laufe des Abends die Regenwürmer und Käfer krabbelten – als lebendige Schöpfung. Als die KABler in den Raum kamen und keine Tische vorfanden, ist der Vorsitzende doch ziemlich stinkig geworden, denn wo sollten jetzt die Biergläser hin, die hätte sie ja wenigsten inne Mitte mit eingestalten können. Nun denn, zur KAB wurde sie nicht mehr eingeladen, dafür warn wir inne kfd richtig glücklich mit der.

Bis auf Frollein Kaminski. Nicht nur, dass die Gemeindereferentin sie einfach immer mit Frau Kaminski ansprach, wat ihr natürlich gegen den Strich ging, und dass dat jetzt immer Sitzungen gab vonne Hauptamtlichen, wo sie nicht dran teilnehmen durfte, und der Pastor und die Gemeindereferentin sogar zusammen beteten und dann sogar mal ein Wochenende mit den Firmlingen in Hardehausen waren, wo sie nicht mitdurfte, weil sie die Firmlinge immer vollquatschte wegen den 10 Geboten. Der Gipfel der Unverfrorenheit war für Frollein Kaminski, dat sie nicht mehr bei der Erstkommion dat Führengelchen sein durfte. (Wer jetzt Führengelchen nicht kennt, hier 'ne kurze Erklärung: dat waren die Erstkommionkinder aussem vergangenen Jahr, denen dat Kommunionkleid noch passte, die die anderen Kinder beim Einzug zum Altar geleitet haben.) Gut, dat kann ich irgendwie nachvollziehen, denn ich war ja sel-

ber lange Führengelchen, aber irgendwann ist dann mein Kommionkleid (wat ja in echt schon lange mein Hochzeitskleid war) beim Einzug geplatzt und dann hab ich den Posten freiwillig drangegeben und Frollein Kaminski hat mich sozusagen beerbt.
Da hatte die Gemeindereferentin doch tatsächlich die Führengelchen abgeschafft und der Pastor hat nix dagegen gesagt. Von dem Tag an war es aus mit dem Betütteln vom Pastor, sollte dat doch die „gemeine Referentin" machen, sie hätte auch genug andres zu tun und jetzt wäre Schluss mit lustig! Irgendwie verständlich... Aber lange konnte sie dat nicht mit ansehen, wie der Pastor nun rumlief: kurze Hose und T-Shirt im Sommer, sogar unterm Messgewand, ungebügelte Hemden bei der Kirchenvorstandssitzung, ausgelatschte Sandalen bei Minustemperaturen.
Ich weiß nicht genau, wat am Ende dat Eis zwischen der Gemeindereferentin und Frollein Kaminski zum Schmelzen gebracht hat. Vielleicht waren es die Kreistänze morgens um 6 Uhr bei der Frühschicht, vielleicht war es die Regenbogenerstkommionfeier, wo die ganze Kirche umdekoriert war mit Regenbogentüchern übern Altar und durch den Mittelgang und Frollein Kaminski die Tücher genäht hatte, vielleicht war es die Pilgerfahrt nach Assisi, aber nicht zum hl. Franz, sondern zur hl. Clara. Oder als die Gemeindereferentin ihren Beruf an den Nagel gehängt hat und U-Bahn-Schaffnerin wurde.
Irgendwie war dat Frollein Kaminski danach wie ausgewechselt, gar nicht mehr so fromm, sondern öfters mal fröhlich, was sogar an ihre Kleidung zu bemerken war.
Wat aber sicherlich zu ihrer persönlichen Entwicklung beigetragen hatte, waren die Gespräche im Bibelkreis, den unser damaliger Vikar ins Leben gerufen hatte. Gut, wir waren da jetzt nicht so viele, die dem Ruf gefolgt sind, aber immerhin waren wir mit dem Vikar zu fünft.

Er war bei dem ersten Treffen inne kompletten Begeisterung drin. Wie schön, dat so viele gekommen wären, und er fände das ganz toll, dass nur Frauen da wären, und wir wären jetzt eben ein Frauenbibelkreis .... Ja, wenn er meint! Und als Frauenbibelkreis würden wir nur Textstellen lesen, wo auch Frauen vorkommen.
Ja, meinte die Irmtraud Fröhlich, gibt dat denn überhaupt Frauen inne Bibel? Also jetzt mal ehrlich, ein bisschen mehr Bildung hätte ich der schon zugetraut, immerhin gibt dat doch Maria inne Bibel drin und die is ja wirklich allgemein bekannt.
Unser Vikar hat uns dann genau erklärt, wie er dat machen wolle: Er würde die entsprechenden Textstellen raussuchen und vortragen und erklären – und wir würden zuhören. Wir hatten da eigentlich auch nix gegen, er hat dat ja studiert. Beim ersten Treffen erklärte er uns, dat er eine so wat von schöne Textstelle von Frauen vorbereitet hätte, und zwar wäre die aus dem Richterbuch.
Und da Sie ja jetzt keine Bibel zur Hand haben, schreibe ich dat mal aus meiner Bibel für Sie ab, wat unser Vikar mit seiner schönen Stimme vorgetragen hat:
Da kam der Geist des Herrn über Jiftach und Jiftach zog durch Gilead und Manasse nach Mizpa in Gilead und von Mizpa in Gilead zog er gegen die Ammoniter. Jiftach legte dem Herrn ein Gelübde ab und sagte: Wenn du die Ammoniter wirklich in meine Gewalt gibst und wenn ich wohlbehalten von den Ammonitern zurückkehre, dann soll, was immer mir (als Erstes) aus der Tür meines Hauses entgegenkommt, dem Herrn gehören und ich will es ihm als Brandopfer darbringen. Darauf zog Jiftach gegen die Ammoniter in den Kampf und der Herr gab sie in seine Gewalt. Er schlug sie im ganzen Gebiet zwischen Aroër und Minnit bis hin nach Abel-Keramim vernichtend (und nahm) zwanzig Städte (ein). So wurden die

Ammoniter vor den Augen der Israeliten gedemütigt. Als Jiftach nun nach Mizpa zu seinem Haus zurückkehrte, da kam ihm seine Tochter entgegen; sie tanzte zur Pauke. Sie war sein einziges Kind; er hatte weder einen Sohn noch eine andere Tochter. Als er sie sah, zerriss er seine Kleider und sagte: Weh, meine Tochter! Du machst mich niedergeschlagen und stürzt mich ins Unglück. Ich habe dem Herrn mit eigenem Mund etwas versprochen und kann nun nicht mehr zurück. Sie erwiderte ihm: Mein Vater, wenn du dem Herrn mit eigenem Mund etwas versprochen hast, dann tu mit mir, was du versprochen hast, nachdem dir der Herr Rache an deinen Feinden, den Ammonitern, verschafft hat. Und sie sagte zu ihrem Vater: Nur das eine möge mir gewährt werden: Lass mir noch zwei Monate Zeit, damit ich in die Berge gehe und zusammen mit meinen Freundinnen meine Jugend beweine. Er entgegnete: Geh nur!, und ließ sie für zwei Monate fort. Sie aber ging mit ihren Freundinnen hin und beweinte ihre Jugend in den Bergen. Als zwei Monate zu Ende waren, kehrte sie zu ihrem Vater zurück und er tat mit ihr, was er gelobt hatte; sie aber hatte noch mit keinem Mann Verkehr gehabt. So wurde es Brauch in Israel, dass Jahr für Jahr die Töchter Israels (in die Berge) gehen und die Tochter des Gileaditers Jiftach beklagen, vier Tage lang, jedes Jahr (Ri, 11,29-40).

Ich war gerade noch inne Bewunderung für unsern Vikar, dass er so toll die Namen aussprechen konnte, da is' unsere Frau Hartmann-Westfalen voll wütend geworden. Was dat denn für eine frauenfeindliche Textstelle wäre??? Bei Abraham und Isaak wäre dat total anders ausgegangen! Da hätte Gott dat Opfer von dem Sohn nicht angenommen! Ich war echt vonne Socken. Die Frau Hartmann-Westfalen hatte schon mal selber inne Bibel gelesen und wusste richtig Bescheid! Unser Vikar versuchte, die Frau zu beruhigen. Sie müsse doch erst mal seine Erklärung anhören, dann müsse sie dat Ganze ausse Geschichte von damals heraus verstehen und überhaupt wäre das doch schön, dass die Frauen bis heute inne Berge gehen würden und weinen, weil es oft anders kommt als sie denken. Frau Hartmann-Westfalen war mit seinen Erklärungen überhaupt gar nicht einverstanden. Sie ist auch nicht mehr wiedergekommen.

Beim nächsten Treffen saßen wir dann wieder in froher Runde zusammen, mit einer weniger. Unser Vikar meinte zu Beginn, dass er dieses Mal aber eine ganz tolle Textstelle rausgesucht hätte, wo Frauen vorkommen, auch ganz anders als beim letzten Mal. Denn diese wäre jetzt von Jesus Sirach. Dat is ja schon mal interessant. Jetzt weiß ich wenigsten den Nachnamen von Jesus.

Und dann hat er wieder mit seiner schönen Stimme den Text vorgetragen:

Eine gute Frau – wohl ihrem Mann! Die Zahl seiner Jahre verdoppelt sich. Eine tüchtige Frau pflegt ihren Mann; so vollendet er seine Jahre in Frieden. Eine gute Frau ist ein guter Besitz; er wird dem zuteil, der Gott fürchtet; ob reich, ob arm, sein Herz ist guter Dinge, sein Gesicht jederzeit heiter. Eine eifersüchtige Frau bringt Kummer und Betrübnis, die Geißel der Zunge ist allen (vieren) gemein. Ein scheuerndes Ochsenjoch ist eine böse Frau; wer sie nimmt, fasst einen Skorpion an. Großer Verdruss ist eine trunksüchtige Frau; sie kann ihre Schande nicht verbergen. Die lüsterne Frau verrät sich durch ihren Augenaufschlag, / an ihren Wimpern wird sie erkannt. Gegen eine Schamlose verstärke die Wache, damit sie keine Gelegenheit findet und ausnützt. Auf eine Frau mit frechem Blick gib Acht; sei nicht überrascht, wenn sie dir untreu wird. Wie ein durstiger Wanderer den Mund auftut und vom ersten besten Wasser trinkt, so lässt sie sich vor jedem Pfahl nieder und öffnet den Köcher vor dem

Pfeil. Die Anmut der Frau entzückt ihren Mann, ihre Klugheit erfrischt seine Glieder. Eine Gottesgabe ist eine schweigsame Frau, unbezahlbar ist eine Frau mit guter Erziehung (Jesus Sirach 26,1-4.6-14).

Hömma, der Vikar hatte kaum ausgelesen, da ist unsere Frau Fritschek empört aufgesprungen. Was dat denn für ein frauenfeindlicher Text wäre und das in einem Frauenbibelkreis und das wäre ihr auch egal, ob von Jesus oder Sirach selbst! Der Vikar war total inne Verzweiflung: Ja, aber sie müsse doch erst mal seine Erklärung anhören, dann müsste sie dat ausser Geschichte von damals heraus verstehen. Langer Rede, kurzer Sinn: Frau Fritschek is' auch nicht wiedergekommen.

Beim nächsten Mal war sich unser Vikar aber ganz sicher, dass er 'ne richtig tolle Textstelle ausser Bibel mit Frauen hätte und zwar diesmal sogar aussem Neuen Testament, nämlich aus dem Korintenbrief. (Dat hatte ich noch nie gehört. Ob dat auch einen Rosinenbrief gibt?) Und dann hat er mit seiner ausgesprochen schönen Stimme den Text vorgetragen:

Wie es in allen Gemeinden der Heiligen üblich ist, sollen die Frauen in der Versammlung schweigen; es ist ihnen nicht gestattet zu reden. Sie sollen sich unterordnen, wie auch das Gesetz es fordert. Wenn sie etwas wissen wollen, dann sollen sie zu Hause ihre Männer fragen; denn es gehört sich nicht für eine Frau, vor der Gemeinde zu reden (1 Kor 14,33b-35).

Und an dieser Stelle ist tatsächlich unser Frollein Kaminski total ausgeflippt und kriegte sich gar nicht mehr ein. Wo denn die Kirche wäre ohne uns Frauen, wenn wir nix mehr sagen und machen würden, dann ginge alles den Bach runter und überhaupt, so wat von frauenfeindliche Texte inne Bibel, da würde sie sich beschweren gehen, wo wüsste sie jetzt auch noch nicht, aber dat wäre ihr egal, sie hätte den Kaffee auf! Frau ...

äh ... Frollein ... äh ... dat passt jetzt irgendwie nicht mehr ... also sagen wir mal: Frau Kaminski ist dann übrigens sofort gegangen. Und hat auch noch die Tür geknallt. Unser Vikar hatte überhaupt keine Chance, irgendwat noch zu erklären.
Ja, ich bin dann aber beim nächsten Mal wieder hingegangen. Ich sag zu unserem Vikar: Herr Vikar, kann ich nicht mal 'ne Textstelle vorschlagen? Ja sicher, sagt er, wenn da auch 'ne Frau drin vorkommt. Ja, sag ich, ich weiß nur nicht genau, wo dat steht, aber ich kann dat frei erzählen. Dat is die Geschichte von einer Frau, die is' sehr, sehr schön – aber schon Witwe. Und die lebt in einer Stadt auf einem Berg – und die Stadt is' belagert von einem feindlichen Heer. Und die Leute haben nach einiger Zeit nix mehr zu essen und wissen nicht, wie es weitergehen soll und dann sagen sie zu der Frau: Du, Frau! Du bist doch so schön! Könntest du nicht mal zu dem feindlichen General gehen und mal mit dem reden ... oder so??? Und die Frau denkt einen kleinen Moment drüber nach und sagt dann: Nö! Aber nach 'ner geraumen Zeit haben die in der Stadt auch kein Wasser mehr und sie gehen noch mal zu der Frau und fragen noch mal nach und da sie auch so'n fürchterlichen Durst hat, sagt sie: Na gut, mach ich. So – und dann macht sie sich aber erst mal noch so richtig zurecht. Sie zieht ihr schönstes Kleid an, kleine Maniküre, Haar hochstecken, Lippenstift auflegen und geht dann, im Licht vonne Abenddämmerung (wat Frauen ja sowieso unglaublich schmeichelt) raus aussem Stadttor. Und als die Soldaten vom feindlichen Heer sie so sehen in ihrer ganzen Schönheit, sind sie inne kompletten Verzückung drin und denken, wat 'ne wunderbare Erscheinung. Und dann kommt sie zum Zelt von dem General und der traut seinen Augen kaum, wie schön die Frau ist und er stammelt wirres Zeug und dat sie doch mal reinkom-

men soll ins Zelt. Und dann wird dat beste Essen aufgetischt, wasse dir vorstellen kannst und natürlich gibt dat auch leckeren Wein. Und nach einer kurzen Zeit ist der General schon ziemlich beduselt, die schöne Frau aber nicht, weil sie immer nur genippt hat. Da sagt dann der General zu ihr, ob sie jetzt nicht noch mal rüber gehen wollen – ins Schlafzimmer. Ach nee, im Zelt gibt dat ja kein Schlafzimmer. Dann eben auf 'ne Luftmatratze, ach nee, früher gab dat ja noch keine Luftmatratzen, also dann eben aufs Lager. Sie hat aber nicht so wirklich Lust drauf.

Aber er geht schon mal vor und legt sich gemütlich aufs Lager drauf. Weil er aber so viel Wein getrunken hat und eigentlich komplett betrunken ist, schläft er ruckzuck ein. Und wie er da so schnarchend auffem Lager liegt, nimmt sie sein Schwert, was neben dem Lager steht, und haut ihm dem Kopp ab. Da hätten Sie mal unseren Vikar hören sollen. Wat dat denn für ein männerfeindlicher Text im Frauenbibelkreis wäre, dat würde er sich verbitten! Ich sag: Herr Vikar, also ich fin-

de, dass dat 'ne ganz tolle Textstelle ausser Bibel ist. Da fällt mir doch auch wieder der Name von der schönen Frau ein: Die heißt Judith. Seitdem ich von der Judith weiß, habe ich überhaupt keine Angst mehr, nachts allein nach Hause zu gehen oder mit der U-Bahn zu fahren, weil ich nämlich immer wat in meiner Tasche dabei hab!!! Als ich dem Vikar dat Brotmesser gezeigt hab, kriegte er richtig Schiss vor mir. Ich habe ihn natürlich beruhigt. Mal ehrlich, so'n Vikar tut doch keiner Fliege wat zu leide, gerade nachts nicht. Allerdings war das dat Ende von unserem schönen Frauenbibelkreis.
Jetzt habe ich mich im Grunde ein bisschen verrannt inne Geschichte, denn eigentlich wollte ich ja vonne Frau oder von unserm Frollein Kaminski erzählen.
Also, nach dem Ausbruch vonne Wut im Frauenbibelkreis war bei der Frau Kaminski irgendwie ein Damm gebrochen. Wir haben sie wochenlang nicht mehr im Gottesdienst gesehen, nicht mal mehr im Mittwochsmorgen-Frauengottesdienst einmal im Monat vonne kfd, wo sie immer so schön die Orgel gespielt und vorgesungen hat. Ich hab dann natürlich mehrmals bei ihr angerufen, denn irgendwann machse dir ja doch Sorgen, aber sie ging noch nicht mal ans Telefon. Nachdem sie dann den dritten kfd-Gottesdienst nicht aufgetaucht war, bin ich mal bei ihr vorbei. Ich traf sie an inne kompletten Geschäftigkeit, aber jetzt nicht beim Hausputz oder beim Sockenstricken für den nächsten Basar oder bei der Bepflanzung vonne Balkonkästen.
Sie hat mich auch gar nicht reingebeten, wat schon eigentlich ungewöhnlich für sie ist, denn ein Likörchen mitte kfd-Schwester war inne Vergangenheit immer drin. Ich hab sie anne Haustür gebeten, dat sie doch wieder am Leben vonne Gemeinde teilnehmen sollte oder wenigstens am Leben vonne kfd oder zumindest beim Frauengottesdienst wieder die Orgel spielen soll-

te, weil wir den richtigen Ton nicht treffen würden ohne sie, und überhaupt, wat denn los wäre. Und ob ich nicht den Vikar vorbeischicken sollte, damit der ihr erklärt, wieso dat mit den schweigenden Frauen inne Bibel steht.
Hömma, dat da nicht die Haustür geknallt wurde, war echt ein Wunder. Sie wäre da an einer ganz großen Sache dran und wenn wir nur ein bisschen Mumm hätten, dann würden wir sie nicht hängen lassen. Ich habe da kein Wort von verstanden und hab bei mir im Stillen gedacht, ob du vonne Wut über frauenfeindliche Bibeltexte inne Demenz reinkommen kannst. Aber weisse wat: Dat Gegenteil is der Fall!
Keine drei Wochen später krieg ich einen Anruf von Frau Kaminski, sie wolle jetzt wieder die Orgel spielen und wir Frauen sollten doch zum nächsten kfd-Gottesdienst alle unsere Wischmöppe mitbringen, weil es hinterher noch wat zu tun gäbe. Ich sag, aber nicht Kirche putzen! Nee, sagte sie, viel besser und die Presse wäre auch da! Und jetzt halt dich fest. Als wir am Morgen vom kfd-Gottesdienst inne Kirche reinkamen mit unseren Wischmöppen, haben wir alle fast 'ne Herzattacke bekommen. Da stand unser Frau Kaminski am Altar – also, da wo sonst der Pastor eigentlich nur stehen darf – aber nicht normal, sondern angekettet. Also jetzt nicht mit einer schönen Halskette mittem Kreuz dran, sondern so, wie du das früher im Fernsehen gesehen hast. Als sich die jungen Leute anne Gleise gekettet haben, wenn da mal wieder Atomkraftmüll durch dat Land gefahren wurde. Ihre Nichte, die Bärbel, stand daneben, mit dem Schlüssel vonne Kette, den sie in hohem Bogen vor unser aller Augen im Taufbecken versenkte. Dat war ja irgendwie klar, dass die Bärbel ihrer Tante geholfen hatte. Die war ja früher schon so 'ne ganz Wilde, Grüne und heute arbeitet die bei der Lokal-

zeitung. Aber wat jetzt kam, ließ uns alle auffe Knie gehen. Frau Kaminski sagte vor uns als Zeugen, dat sie so wat von den Kaffee auf hätte vonne Kirche und besonders vonne Männer inne Führungsspitze vonne Kirche, also vonne Pastöre und vonne Bischöfe und sogar vom Papst! Sie selber hätte unserm Pastor jahrelang die Predigt geschrieben, sie hätte dat schließlich auch studiert und er hätte immer dat Lob für seine tollen Predigten eingeheimst und nicht nur dat, sie hätte auch alle Ansprachen für die Taufen und Beerdigungen geschrieben, weil sie die Leute kannte und hätte ihm Tipps gegeben, wie er mit den Kindern im Familiengottesdienst sprechen sollte, und dass auch mal moderne Lieder im Gottesdienst gesungen würden und sie hätte ihm die Hand gehalten, wenn er mal wieder traurig war über dat Zölibad und sie hätte selber die ganzen Pilgerreisen für die Gemeinde organisiert und jetzt wäre mittem Schweigen aber endgültig Schluss!!!
Wir standen da mit unseren Wischmopps inne Hand und waren irgendwie inne kompletten Betroffenheit drin – aber nach kurzer Zeit auch irgendwie inne Begeisterung über den Mut von unser Frau Kaminski.
Die Messe is' dann natürlich ausgefallen, weil der Pastor sich gar nicht mehr ausse Sakristei raustraute.
Hömma, gut dat die Presse da war. Da konntesse wenigstens am nächsten Tag inne Zeitung drüber lesen:

Spontaner Flashmob inne katholische Kirche.
85jährige kettet sich am Altar an

Na ja, so spontan war dat nun auch nicht. Wir wussten ja schon drei Wochen vorher, dat wir unsere Wischmopps mitbringen sollten. Und schreibt man Mob nicht mit P?

Jetzt geht nix mehr

Ich weiß jetzt gar nicht recht, wie ich anfangen soll, weil dat Thema 'ne sehr ernste Problemattik behandelt. Zumal wir da irgendwie alle Schiss vor haben. Dat Thema heißt „Demenz". So, jetzt isset raus!
Nun muss ich sagen, dat wir in unserer Familie davon nicht so richtig betroffen sind. Von meiner Seite aus sind se vor de Demenz auffen Friedhof gegangen – also gebracht worden und unser Omma, also von meinen Herbert die Mamma, die Sie ja schon vom Anfang kennen, erfreut sich bester Gesundheit, auch im Kopp.
Nun trafen wir, also mein Herbert und ich, vor einiger Zeit den Norbert Schmierbaum – wat ein Arbeitskollege von meinen Herbert war, der aber auch schon ein paar Jährchen im Vorruhestand ist – und zwar treffen wir den auffem Friedhof, weil die Gräber von unseren Familien fast nebeneinander liegen. Und dass aber ohne seine Gattin, die Herta Schmierbaum, wat schon verwunderlich war, weil die Herta sonst immer mit war, weil die in ihre Ehe den grünen Daumen hatte, auch für'n Friedhof. Als wir mit unserer Gießkanne und dem Bollerwagen umme Ecke bogen, fing der Norbert sofort an zu heulen, wat ja im Grunde für'n Mann schon'n Wunder ist und für die komplette Verzweiflung von ihm spricht. Gut, dass da 'ne Bank stand, da haben wir uns erst mal hingesetzt, der Herbert hat seinen Flachmann rausge-

holt und wir haben uns alle ein Schlückchen gegönnt für die allgemeine Beruhigung. Ich hatte zum Glück 'ne Packung Taschentücher dabei, eigentlich zum Hände abputzen nach der Arbeit – aber dat war jetzt auch egal.
Ich hab ja erst gedacht, dass die Herta – ohne dass wir dat mitbekommen haben – jetzt auch auffem Friedhof liegt – und er deshalb so fertig is, aber eigentlich war dat noch schlimmer. Die Herta wäre seit seiner Rente vor sieben Jahren immer brummiger geworden und hätte ständig über alles und jeden schlecht geredet – sogar über die Enkel, und die waren doch mal ihr ganzer Stolz. Sie hätte nach und nach auch gar keine Kontakte mehr gehabt, sie war doch mal so aktiv beim Seniorentanz vonne AWO, hätte am Schluss nicht mal mehr mitte Nachbarin gesprochen. Dazu kam, dat sie immer häufiger mitten im Gespräch oder auch vorm Fernseher oder nachts im Bett oder im Badezimmer oder im Auto angefangen hat zu heulen – ohne Grund. Und dann kam das mitte Vergesslichkeit noch dazu. Erst wär ihm dat gar nicht so aufgefallen, denn immerhin passiert dat ja mal jedem, aber neulich hätte sie nicht mal mehr die Namen vonne Enkelkinder gewusst und da wären bei ihm die Alarmglocken angegangen.
Erst wollte sie auf gar keinen Fall zum Arzt wegen dieser Sache, aber zum Glück hat sie dann so'n komischen Ausschlag im Gesicht bekommen, der auch noch gejuckt hat wie Sau, und da ist sie dann doch mit zum Hausarzt. Doktor Prüssel is auch unser Hausarzt und dat is echt noch einer vonne alten Schule, obwohl der noch keine 50 Jahre alt ist. Und der Doktor Prüssel hätte von einer Altersdepression gesprochen und auch von Demenz und da is die Herta völlig zusammengebrochen und für ein paar Tage inne Klinik – also nach Aplerbeck – gekommen.

Jetzt wäre sie aber doch schon einige Zeit wieder zu Hause, aber im Grunde wäre sie nicht mehr die alte. Gut, dass der Herbert auch noch ein frischgebügeltes Taschentuch dabei hatte – für mich. Wat ein Schicksal! Aber da kannse doch auch mal sagen, der liebe Gott tut nix wie fügen. Wie gut, dat ich mit meinem Herbert an dem Morgen auffen Friedhof gegangen bin und dass der Norbert sich so mal richtig aussprechen konnte.
Ich hab dann noch gefragt, wo die Herta denn jetzt grad wäre, denn er könnte sie doch bestimmt nicht alleine zu Hause lassen. Nö, meinte er, die Herta wäre tagsüber in so einer Gero-dingens-Klinik und dat wäre da auch richtig nett für sie. Die würden sich gut um sie kümmern und sie hätte da auch die richtige Ansprache. Mal würden sie töpfern, sie hätte auch schon einen schönen Aschenbecher gemacht, obwohl zu Hause keiner mehr raucht. Sie hätte auch schon Topflappen gehäkelt (allerdings in blau-weiß und dass hätte dann in der Topflappenhäkelgruppe Tumulte gegeben, schwarz-gelb wäre natürlich besser gewesen). Dann würden sie viel singen, schöne Volkslieder aus der Mundorgel. Beim Mittagessen kochen würde sie immer die Kartoffeln schälen und um fünf Uhr am Nachmittag käme sie nach Hause. Und dann würden sie noch schön zusammen Abendessen und er würde sie um acht ins Bett bringen und ihr wat vorlesen und vorsingen. Da musste ich wieder heulen. Dass der Norbert dat macht – also echt: Hut ab vor dem Mann.
Mein Herbert hat dem Norbert dann auch angeboten, dat er die Stiefmütterchen auffem Grab für ihn mit gießen könnte, wenn dat mal nicht ginge und dat der Norbert auch ruhig mal vorbeikommen könnte für'n Bierchen, von ihm aus auch am Nachmittag. Da kamen mir direkt wieder die Tränen – aber diesmal wegen mein Herbert, dat der so mitfühlend war. Hinterher,

also zu Hause, habe ich gedacht, dat wäre doch eigentlich 'ne richtig gute Aufgabe für die Gemeinde, also für die Kirchengemeinde, egal ob katholisch oder evangelisch, also von mir aus ruhig ökenemenisch! Jeden Tag oder auch nur jeden zweiten würde auf einer bestimmten Bank auffem Friedhof jemand sitzen, wenn jemand mal reden will oder heulen muss oder einfach nur jemand braucht, der neben einem sitzt, weil er oder sie so alleine ist.

Dat is doch jetzt aber mal wirklich eine richtig super Idee – komplett ausse Praxis und da würden sich doch bestimmt auch ein paar Leute finden, die dat machen täten. Denn ich selber sehe ja immer 'ne ganze Reihe von Leuten, die übern Friedhof gehen.

Ich war so richtig inne Beflügelung vonne Seele, weil dat so 'ne super Idee ist. Und dann hatte ich ja in unserer Bistumszeitung gelesen, dass der Bischof super Ideen aus der Gemeinde sogar mit Geld unterstützen würde. Da könnten wir also 'ne ganz tolle Bank anschaffen, Regenschirme oder Sonnenschirme für jede Wetterlage (die könnten in einer Kiste aufbewahrt werden), Taschentücher, vielleicht 'ne Flasche Wasser oder 'ne Thermoskanne für'n Kaffee, Flachmann – fertig. Jetzt muss die Idee nur noch an den Mann bzw. an den Pastor bzw. an die Frau, also an die Gemeindereferentin – kurz gesagt an unsere Hauptamtlichen gebracht werden.

Ich habe allerdings erst mal bei der Luise Kippenschild-Börger nachgefragt, dat is die Vorsitzende von unserem Pfarrgemeinderat – nee, watte mal, dat heißt ja jetzt Pastoralverbundsraumrat ... oder so ... Die fand die Idee auch richtig toll und da könnten wir 'ne super Werbeaktion für machen und da würden sich sicherlich – auch vonne evangelischen Seite – Leute finden, die da mitmachen. Sie würde dat voll und ganz unterstützen, hätte aber Sorgen, ob da unsere „Führungsriege" auch begeistert sein würde. In jedem Fall würde sie dat aber ansprechen bei der nächsten Sitzung in acht Wochen. Ob dat denn nicht schneller ginge, habe ich sie gefragt. Nö, meinte sie. Der Pastor – also in dem Fall der Pfarrer – hätte gesagt, dat sie soviel anderes zu tun hätten und jetzt wäre ja auch erst mal Erstkommion, dann noch Firmung und dann dat Gemeindefest.

Ich habe mir nach dem Gespräch extra in mein Küchenkalender reingeschrieben, wann die acht Wochen vorbei sind und ich bei Frau Kippenschild-Börger nachfragen konnte, wat die Diskussion über meine Idee gebracht hat und wann es losgehen kann. Am Sonntag nach der Sitzung morgens nach dem Hochamt hab ich sie dann getroffen und angesprochen. Die war echt ziemlich bedröppelt. Leider hätte sie gar keine gute Nachricht für mich und für die Leute auffem Friedhof.

Der Pastor und die Gemeindereferentin wären sowieso schon seit einiger Zeit total schlecht gelaunt und brummig und würden ständig über alles und jeden schlecht reden – sogar über die eigene Gemeinde, und die war doch mal ihr ganzer Stolz.

Es würde ja überall immer weniger werden und die Leute wären auch nicht mehr bereit, sich wo zu engagieren. Sie hätten auch gar keine Zeit mehr für Kontakte und müssten sich inne Aktivitäten komplett einschränken und alles ginge sowieso nicht mehr weiter und jetzt ware auch noch die Seniorentanzgruppe vonne Gemeinde eingegangen. Die Gemeindereferentin fing in dem Moment sogar an zu heulen – mitten inner Sitzung und sie wäre am Rande vonne Erschöpfung und eigentlich schon drüber hinaus.

Jetzt mal ehrlich, merken Sie wat???

Zur Überprüfung meiner schlimmsten Befürchtungen habe ich die Frau Kippenschild-Börger gefragt, ob dat

sein kann, dat unsere Hauptamtlichen auch irgendwie vergesslich geworden sind.
Ja, dat wäre doch schon lange so, sie würde den Pastor immer anne Termine erinnern, sonst würde der gar nix mehr auffe Reihe kriegen und neulich hätte er nicht mal mehr ihren Namen gewusst! Und unsere Gemeindereferentin läuft schon geraume Zeit mit so hängenden Schultern rum und sie hätte so 'ne ungesunde graue Gesichtsfarbe, wat jetzt bestimmt nicht von den schwarzen Klamotten kommt, die sie immer trägt. Und dann gucken beide ständig auffe Uhr, sind total abgehetzt und der Kaffeekonsum von unserm Pastor ist anne Grenze vonne Drogensucht.
Hömma, ich war echt inne kompletten Fassungslosigkeit drin. Dat kann doch jetzt echt nicht wahr sein – um Gottes Willen, dat is doch der Wahnsinn – alles genau wie bei der Herta Schmierbaum!!!
Unsere lieben Hauptamtlichen vonne Gemeinde sind inne beginnenden Altersdepression und Demenz drin und wir haben dat gar nicht richtig mitbekommen!!!
Auf den Schock musste ich mir zu Hause erst mal 'nen großen Schluck von dem guten selbstgemachten Johannisbeerlikör genehmigen. Der Sonntag war für mich echt gelaufen.
Nachdem ich mich von dem Schock einigermaßen erholt hatte, habe ich eine Krisensitzung einberufen. Natürlich mit Frau Kippenschild-Börger, aber auch mit meinem Vorstandsteam vonne kfd und vonne Caritas. Denen habe ich dann alles haarklein erzählt und alle, bis auf unser Omma Püschel, die selber schon ein bisschen inne Demenz drin ist, haben dat auch gut verstanden. Uns war allen sofort klar, dat dringender Handlungsbedarf – wie Luise, also Frau Kippenschild-Börger, mit der wir uns aber inne Zwischenzeit alle duzten – sagte. Ich sag, die Lösung liegt doch auf der Hand: Wir

brauchen nicht so 'ne Gero-dingens-Tagesklinik für senile Alte, wir brauchen 'ne Auffangstation für depressive und beginnend demente Hauptamtliche vonne Kirche! Wo die sich mal zwischendurch ausruhen können, wat basteln, Mittagessen kriegen, Mittagsschläfchen machen können, zusammen singen – so in der Art. Ich hatte dat kaum ausgesprochen, da waren die andern Feuer und Flamme.

Als erstes haben wir im Gemeindehaus den Seniorenraum besetzt, natürlich mit Absprache. Die restlichen drei Seniorinnen aus der Seniorenrunde machten mit

Begeisterung mit, die Tanzgruppe hatte sich ja gerade aufgelöst und die drei Skatbrüder wurden kurzerhand zu uns nach Hause ausgelagert, da hat mein Herbert auch gleich wat von.
Und ungelogen, jede hat wat beigesteuert für die gemütliche Innenausstattung. Klärchen Potthas hat einen wunderbaren alten Ohrensessel mit immer noch funktionierender Massagefunktion spendiert, wo ihr Jupp immer drin eingeschlafen ist und auch die ewige Ruhe drin gefunden hat. Die Enkel von der haben den zum Gemeindehaus geschleppt. Dann hat die Inge noch ein altes Klappbett beigesteuert, wat wir schön bezogen haben und mit einem schönen, dicken Federbett und Kopfkissen von Inges Dachboden ausgestattet.
Der Tsven-Lukas, wat der Sohn vonne Luise Kippenschild-Börger ist, hat so'n schönen Sitzsack in BVB-Optik vorbeigebracht. Dann kam noch 'ne Luftmatratze dazu, mehrere Schlafsäcke, die beim letzten Jugendzeltlager 1992 liegen geblieben waren, Sofakissen, 'ne Duftlampe, Duftkerzen, sogar 'ne komplette Couchgarnitur vonne Haushaltsauflösung von den Röskamps ihrn Vatter. Jemand brachte einen röhrenden Hirschen als Bild vorbei. Unser Mats-Kevin schenkte uns seinen Riesenkuschelbären vonner Kirmes, Frau Kaminski steuerte noch ein Weihwasserschüsselchen und einen Rosenkranz aus Lourdes für die Andacht vorm Nickerchen bei und in null Komma nix war der Seniorenraum aber so wat von gemütlich geworden, dat unser Omma Püschel da überhaupt nicht mehr raus wollte.
Natürlich haben wir alle unsere Hauptamtlichen informiert, dat wir jetzt nur für sie einen schönen Raum gestaltet haben zum Erholen und Auftanken, für zwischendurch zum Entspannen und für'n Nickerchen. Wir haben sogar den Dechanten – also den Chef vonne Hauptamtlichen im Dekanat – informiert, dat der dat

ruhig auch an die anderen Priester und Gemeindereferentinnen und von mir aus auch anne Diakone weitersagt. Wir haben dat Ganze komplett durchorganisiert: Eine von uns ist immer da inne Entspannungsoase, wo die Pastöre und die Gemeindereferentinnen oder der Gemeindereferent sich, wenn sie dat Bedürfnis hätten, in aller Ruhe aussprechen können (auch ohne dat jemand anders zuhören würde), über alles, wat sie belastet oder wat nicht so gut gelungen ist oder auch wo se mal 'nen Fehler gemacht haben. Hinterher könnten sie ein schönes Nickerchen machen, ohne Störung oder den Rosenkranz beten.
Die Elke Paschulke würde mit dem Pastor Brot backen, weil der ja gar nicht mehr zum Einkaufen käme und weil dat ja auch so entspannend ist, denn wenn der Brotteig ruht, sollse ja auch selber ruhn. Wenn dat Brot fertig wäre und der wunderbare frische Brotduft durch dat Gemeindehaus ziehen würde, würden die Elke mit dem Pastor und allen anderen, die da wären, dat Brot teilen.
Und die Hannelore Brode, die früher mal Inhaberin von einem Kosmetikstudio war, würde 'ne ganz entspannende Pediküre anbieten, mit Fußbad und Hühneraugen entfernen und hinterher 'ne wunderbar entspannende Fußreflexzonenmassage mit schön duftendem Fußbalsam. Wir haben sogar 'ne feierliche Eröffnung und Einsegnung gemacht, wo wir mittem Weihwassersprengel alles schön gesegnet haben. Ach wirklich, es war so 'ne wunderbare Stimmung bei allen Mitarbeiterinnen vonne kirchlichen Entspannungs-Klinik.
Gut, in der ersten Woche saßen wir da eher selber drin, als dat irgendeiner von den hohen Herren oder Damen vonne Kirche für die Erholung vorbeigekommen ist.
In der nächsten Woche kam dann am Montag inne Mittagspause die Schwester vonne Caritaspflegestation vorbei und sagte, sie hätte dat bei Omma Püschel ge-

hört, dat man im Gemeindehaus so'n viertel Stündchen entspannen könnte. Ja sicher, ha'm wir gesagt, auch'n halbes Stündchen. Och, sagt sie hinterher, dat wär so schön gewesen, ob sie dat auch den Kolleginnen sagen dürfte. Am nächsten Tag waren dann schon zwei andere Kolleginnen da und so ging dat immer weiter. Paar Tage später kam der Ehegatte von der Luise Kippenschild-Börger, der Hans-Peter, vorbei. Der arbeitet bei der Polizei und hatte natürlich von seiner Gattin von dem Projekt gehört. Er hätte grad mal 10 Minuten Päuschen und wollte sich 'ne Runde im Massagesessel gönnen. Ein paar Tage später kamen dann die Kollegen von seiner Wache regelmäßig vorbei, natürlich nicht alle auf einmal, sonst wären wir ja komplett schutzlos gewesen. Irgendwann kamen die Erzieherinnen vom evangelischen Kindergarten nebenan vorbei und fragten, wat denn bei uns los wäre, sie sähen immer so viele Leute im Gemeindehaus raus- und reingehen und als sie dann dat gemütliche Zimmer im Gemeindehaus sahen, da kamen sie immer abwechselnd und dösten 'ne Runde auf der Luftmatratze.
Hömma, die ganze Aktion wurde ein kompletter Riesenerfolg, vor allem als dat mittags noch 'ne einfache Suppe gab und immer leckeren Kaffee zum Trinken. Da hätten wir im Grunde dat ganze Gemeindehaus inne Wellnesoase umwandeln können. Sogar aus der benachbarten Schule kamen zwischendurch nicht nur die Lehrerinnen, sondern auch die Schülerinnen und Schüler lagen mit Begeisterung im Massagesessel von Klärchen Potthas. Dann kamen die Männer vonne Müllabfuhr auch noch, die Briefträgerin, die Verkäuferinnen aus der Bäckerei, aus dem Supermarkt und aus dem Blumenladen, die Apothekerin, Doktor Prüssel mit seinen Kollegen aus der Gemeinschaftspraxis, sogar die Experten aus der Computerfirma drei Straßen weiter,

die Sozialarbeiterinnen vom Jugendamt und am Ende kam sogar unser Bestatter und legte sich regelmäßig auf die Couch und alle waren nach kürzester Zeit inner komplette Entspannung. Wat war dat schön!
Die einzigen, die nie vorbeikamen, dat waren unsere Hauptamtlichen aus dem Pastoralen Raumgedöns und kein einziger anderer aus Dortmund, weil die soviel zu tun hatten mit ihren Konzepten und Neuerungen und Erstkommion und Firmung und Beerdigung und Predigtvorbereiten und wat weiß ich.
Ein halbes Jahr später kriegten wir auf einmal Post und zwar nicht irgendeine, sondern von höchster Stelle – also nicht aus Paderborn, sondern aus Düsseldorf!
Da hatte doch tatsächlich die Bezirksbürgermeisterin aus unserem Dortmunder Bezirk uns vorgeschlagen für'n Verdienstorden vom Land Nordrhein-Westfalen für besondere Verdienste für die Nachbarschaft.
Und – jetzt pass auf!
Nächste Woche würde unsere eigene Ministerpräsidentin, die Hannelore, höchst selbst vorbeischauen, um sich auch ein bisschen Entspannung zu gönnen und uns den Orden für Nachbarschaftsarbeit samt einem gewissen Betrag zu überreichen.
Und weiße wat? Wir haben unserm Pastor kein Wort davon gesagt. Dat soll er mal schön aus der Zeitung erfahren!

Inne Ökenemene geht's voran – auch inne Kirchenchöre!

Sie erinnern sich doch sicherlich noch an unser Omma, wie die ins Krankenhaus musste wegen dem neuen Knie? Ansonsten müssten Sie noch mal kurz ganz vorne nachlesen. Ich war ja irgendwie inne kompletten Sorge um unser Omma, nicht wegen dem neuen Knie sondern wegen ihrem Seelenheil. Nun, wie Sie schon wissen, wollte unser Omma auf gar keinen Fall, dass der eigene Pastor für die Beichte kommt, wegen dem komischen Pater bei ihrer letzten Beichte (also nicht einer aus Indien und auch nicht ein unbeschuhter). Ich hab versucht, unser Omma zu beruhigen, aber die kriegte sich gar nicht mehr ein.
Hömma, sie hat mir haarklein alles erzählt, was dat Thema bei der Beichte in Altötting war und dass die anderen Seniorinnen schon ungeduldig geworden sind und vorn anne Tür vom Beichtstuhl gekloppt hatten und der Pater aber die Ruhe weg hatte und am Ende von ihrer Beichte hatte ich auch Knieschmerzen und die Bettnachbarin von unser Omma einen roten Kopp.
So – aber dann fiel mir ja zum Glück ein, dass in dem Krankenhaus auch eine evangelische Krankenhauspastorin arbeitet. Ich gehe jetzt mal doch davon aus, dat auch bei Ihnen inzwischen allgemein bekannt ist, dass

die Evangelischen auch Pastorinnen haben – und da sag ich all meinen evangelischen Leserinnen und Lesern: Herzlichen Glückwunsch! Ich finde dat ganz toll – ja, ich finde, die Pastorinnen trauen sich auch mal wat inne Kirche und die ha'm auch wat zu sagen, wo du echt wat mit anfangen kannst.
Dat einzige Problem bei den evangelischen Pastorinnen is', dass die immer so schwere Namen haben – vor allem so lange. Wie damals diese Ministerin vonne FDP, irgendwas mit Leuteglocken-Schnarrental oder so.
Aber wat soll's - Hauptsache nett!
Ich habe neulich eine Pastorin erlebt bei der Beerdigung von unserem Nachbarn, dem Karl Wasilewski. Ich wusste gar nicht, dat der Karl evangelisch war, aber es war eindeutig 'ne Pastorin inne Trauerhalle.
Mal eben vorab gesagt, Sie müssen sich da jetzt nix bei denken oder inne Trauer reingehen: Der Karl hatte dat Alter, im Grunde war der total gesund, aber, wie sagt unser Omma immer: Irgendwann musse mal abtreten, auch als Mann. Nein, also wirklich, dat war so 'ne schöne Beerdigung. Die Trauerhalle war schon so schön dekeriert. Vorne stand ein hoher Stehtisch, da drüber ganz schöne Tücher in allen Regenbogenfarben, wie bei uns bei der Erstkommion, oben drauf dann die Urne mit dem Karl.
Die Pastorin macht sogar Urnentöpferkurse inne Toscana! Gut, dat hatte die Witwe jetzt nicht gemacht, die hatte aber einen Malkurs für die Urne im evangelischen Gemeindehaus besucht, da konntesse sogar Gedichte draufschreiben, wie du wolltest. Und dann isset ja so, wennse bei uns bei der Beerdigung einen Organist haben willst für die Begleitung vonne Lieder, dann kostet dat extra Geld – und das is' auch gar nicht so billig.
Und weil die Witwe Wasilewski doch ein bisschen knapp bei Kasse ist, hat die Pastorin gesagt, sie könnte

dat mit der Musikbegleitung auch selber machen. Sie hatte ein kleines Akkordeon vor der Brust und wir haben so schöne Lieder gesungen. Dat fing ja vorne schon an. Da haben wir von Freddy Quinn wat gesungen: „Junge, komm bald wieder". Dat nächste Lied war auch so schön. Da hat die Pastorin vorher zu gesagt, dat wir dat Lied extra für die trauernde Witwe singen: „Ein Schiff wird kommen und das bringt dir den einen" von Lale Andersen.
Ich musste dann aber doch mal meine Banknachbarin, wat auch meine Straßennachbarin ist, nämlich die Hilde fragen, warum wir hier so viele Seemannslieder singen. Der Karl hat doch im Dortmunder Hafen gearbeitet, sagt sie, da wäre die Verbindung zu der Seefahrt ganz klar. Ja, sag ich, aber der hat da doch nur die Straße gefegt. Ach – egal. Zum Abschluss haben wir aber doch auch wat vom lieben Gott gesungen, nämlich von diesem Gunter sein Gabriel „Hey Boss, ich brauch mehr Geld"! Da ging der Klingelbeutel rum.
Und zwischen den Liedern hat die evangelische Pastorin so über den Karl gepredigt, dat ich die Hilde fragen musste, ob wir überhaupt auf der richtigen Beerdigung sind. Dat kann man jetzt mal ruhig sagen, Sie kannten den Karl ja nicht. Dat war so'n Stinkstiefel und Sturkopp gewesen, den mochte inne Nachbarschaft kein Mensch richtig leiden.
Wenn die Kinder mittem Fußball mal zu nah an seine Garage kamen, dann hat der denen den Ball weggenommen. Und der hat stundenlang im Schießer-Doppelripp-Unterhemd im Fenster gehangen und genau aufgepasst, wenn da einer falsch geparkt hat, da hat der sofort die Polizei angerufen – so einen kannse doch nicht leiden, oder!?
Aber diese evangelische Pastorin hat so unglaublich viel aus dem Karl noch rausgeholt, dat sich sogar die trau-

ernde Witwe noch mal in ihren Karl verliebt hat. Ich muss ehrlich sagen, nach dieser Predigt habe ich für einen kurzen Moment überlegt, ob da nicht irgendwo ganz tief in meinem Herbert drin (ich mein, Platz genug wär ja da) wat ist, wo der total liebenswert ist – was aber erst bei der Beerdigung rauskäme... Ach nee, da fiel mir zum Glück ja wieder ein, dass der Herbert katholisch ist! Und damit ist schon alles geklärt: Mein Herbert kriegt mal 'ne 1-A katholische Beerdigung und ich sag mal so: Ein katholischer Pastor holt nix aus einem raus, was da nicht vorher auch drin gewesen ist.
Wie bin ich jetzt darauf gekommen? Richtig – wir waren ja eigentlich bei der Omma im Krankenhaus und der evangelischen Krankenhauspastorin.
Ich habe also bei der angerufen, aber es ist ja so: Wennse heute bei der Kirche anrufst – egal ob evangelisch oder katholisch – da läuft immer nur so'n Band. Schrecklich! Gut, bei unserer Kirche ist mir dat ja klar, wenn der Pastor keine Haushälterin mehr hat, dann braucht er eben ein Band. Aber die evangelischen Pastorinnen sind doch meistens verheiratet. Da könnte doch der ihr Gatte drangehen! Obwohl, mein Herbert geht auch nicht ans Telefon, wenn ich nicht da bin. Aber ich spreche einfach nicht gerne mit so einem Apparat. Früher gab dat auch kein Band!
Die Pastorin vom Krankenhaus hatte aber ihr Band sehr schön selber besungen – mit so einem alten evangelischen Klassiker: „Von guten Mächten wunderbar geborgen, da kannse hier drauf quatschen wasse willst..."
Hömma, ganze acht Strophen! Da war ich am Ende so wat von eingelullt, dat ich ihr die ganze Problemattik von unser Omma in allen Einzelheiten auf dat Band gesprochen habe und am Schluss habe ich gefragt, ob sie nicht mal zu unser Omma auf Station 7, Zimmer 712 gehen könnte, für 'ne kleine Aussprache, um dat See-

lenheil zu erlangen. Mal ehrlich gesagt, von Frau zu Frau redet sich doch sowieso viel einfacher und der liebe Gott, der merkt dat doch gar nicht, ob katholische oder evangelische Beichte!
Am Morgen vonne Operation bin ich natürlich noch mal zu unser Omma hin, weil der Termin für die Operation erst um 10 Uhr war. Ich wollte der Omma Tschüss sagen und alles Gute wünschen. Und wie ich ins Krankenhaus auf die Station 7 komme, da waren alle inner hellen Aufregung drin: Die Schwestern rannten kreuz und quer, der Doktor saß fix und fertig in seinem Zimmer, die einzige, die glücklich und selig in ihrem Kran-

kenbett saß, war unser Omma. Aber wie die aussah! Unser Omma glänzte wie 'ne Speckschwarte! Die sah aus wie 'ne Ölsardine ohne Sardine.
Ja, und jetzt kommts: Da war doch tatsächlich spät am Vorabend die Krankenhauspastorin bei unser Omma und hatte für sie eine Ganzkörper-Krankensalbung gemacht.
Gut, Krankensalbung kennen wir Katholischen: Da kommt der Pastor vorbei, hat so'n kleines Töpfchen Öl dabei, tippt kurz mit der Fingerspitze rein, Kreuzzeichen auffen Kopp, Vatter unser, ab nach Hause. Dat is 'ne schöne Krankensalbung. Aber nicht so bei der evangelischen Pastorin. Die hat unser Omma – ungelogen: drei Stunden von Kopf bis Fuß und wieder zurück eingesalbt. Aber nicht mit irgendwat! Nein, dat war kostbarstes von griechischen Bauern biologisch-dynamisch angebauten und in einer Vollmondnacht gepflückten Oliven und von griechischen jungfräulichen Bäuerinnen, die vorher die Füße in einer heiligen Quelle gebadet haben, unter griechisch-orthodoxen Weisen ausgepresstes Olivenöl, wat verfeinert war mit von buddhistischen Zenmönchen gesegnetem ayurvedisch-tantrischem Rosenwasser – und damit dann drei Stunden von Kopf bis Fuß und wieder zurück eingesalbt.
Die Schwestern versuchten seit einer Stunde, der Omma dat OP-Hemdchen anzuziehen, wat aber wegen der Glitschigkeit nicht klappte. Die ist denen drei mal ausse Hände auffen Boden geflutscht. Der Doktor versuchte verzweifelt, der Omma die Beruhigungsspritze zu setzen, am Schluss hat er sie sich selber ins Knie gerammt.
Aber unser Omma war glücklich und selig in ihrem Krankenbett. Sie wollte auch auf gar keinen Fall mehr inne Operation rein, denn ihr täte überhaupt nix mehr weh – wat ich natürlich nicht glauben konnte. Dat is' doch wie wennse zum Zahnarzt muss, da tut dir auch

überhaupt nix mehr weh. Nö, meinte sie, die Schmerzen wären wie weggeflogen. Ich sag: Omma, wir haben jetzt ein halbes Jahr auf diesen Termin gewartet, den nächsten kriegen wir erst in einem Jahr, wir sind doch nur bei der Kasse versichert. Hömma, ich habe mir den Mund fusselig geredet, es hat nix genützt. Ich musste unser Omma mit nach Hause nehmen.
Und ehrlich gesagt: Das hat mein Katholischsein inne komplette Erschütterung reingebracht. Wie konnte dat passieren: 'ne Wunderheilung von einer evangelischen Pastorin?! Aber wissen Sie wat, dat Wunder hält immer noch an. Die Omma hat jetzt erst noch den Marathon zwischen Bochum-Langendreer und Unna-Massen gewonnen – mit Rollator!!!

Jetzt aber mal genug von unser Omma. Es geht hier ja um die Ökenemene. Als dat ganze Theater mit dem Gemeindezusammenlegungsgedöns losging, da habe ich schon zu unserem Pastor gesagt, ob wir nicht besser mit unserer direkten, schönen evangelischen Nachbargemeinde vom hl. Martin Luther zusammengehen könnten? Hömma, da kriegte unser Pastor glänzende Augen. Wir hatten damals nämlich nebenan so 'ne ganz nette, junge und hübsche Frau Pastorin, da war unser Pastor ganz wild auf die Ökenemene. Wir haben in einem Jahr 38 ökenemenische Bibelwochen gehabt, dat war ein Weltrekord im Bistum! Gut, am Anfang waren immer so neun Leute da, danach saß ich ganz alleine mit den beiden zusammen, aber es war trotzdem sehr schön. Nach einiger Zeit is dat ganze leider im Sande verlaufen ... An mir hat es nicht gelegen!
Kurze Zeit später gab dat einen Aufruf im Pfarrblättchen und sogar im Lokalteil vonne Tageszeitung, dat Leute gesucht würden für ein ökenemenisches Krippenspiel – aber mit Senioren. Die Problemattik is' ja die, dat

Kinder inne Kirche und überhaupt inne Gesellschaft immer knapper werden und die, die noch da sind, so viel anderes um die Ohren haben und dann müssten jetzt eben die Senioren ran.
Hömma, da träume ich ja schon seit Kindertagen von, dat ich mal die Maria im Krippenspiel spielen darf. Ich bin natürlich sofort zu dem ersten Vorbereitungstreffen. Leider wollte mein Herbert auf gar keinen Fall mit, dabei müsste er doch als Josef nur hinter mir laufen, dat sollte doch gar kein Problem für ihn sein, dat macht er im Supermarkt auch immer. Aber er war nicht zu überzeugen. Egal, hab ich gedacht, ich lass mir da die Freude nicht dran nehmen und bin zu dem ersten Treffen ins Evangelische Gemeindehaus 'ne Woche vor Weihnachten hingegangen.
Außer mir war noch der Karl Koslowski da, ein evangelischer Missionar zur Rettung vom Ruhrgebiet und zuständig für dat Krippenspiel, und der Rudi (der hat gar keinen Nachnamen), auch aus der evangelischen Gemeinde. Mir kam dat natürlich sofort ein bisschen wenig vor, aber die anderen vier Senioren, die noch mitmachen wollten, hatten sich entschuldigt. Der Erwin Biernbaum musste noch kurz beim Aldi vorbei, da waren gerade Hüftgelenkswochen, und er hatte sich vor ein paar Jahren in Polen zwei linke einsetzen lassen, weswegen er immer im Kreis lief, und jetzt wollte er die Chance nutzen, ins rechte Bein ein rechtes Hüftgelenk einbauen zu lassen. Die Hedwig Hüttenbaum fand ihre Zähne nicht, der Paule Pollen war noch in seinem Bastelkeller, um die Engelsflügel aus Waschbeton fertig zu machen für die Engelsszene, und die Else Koschorek wollte noch beim Schäfer ein echtes Schaf besorgen für die Szene mit den Hirten.
Ich war natürlich komplett vorbereitet, hatte auch schon die ganze Kostümierung mitgebracht: blaues

Tischtuch für'n Umhang für die Maria, Puppe als Jesus-Kind hatte ich von unsrer Marie-Sophie-Chantalle geborgt, wat ich gut unter dem Umhang verstecken konnte. Mehr war ja nicht nötig.
Da aber bis Weihnachten nicht mehr viel Zeit war, haben wir nach der Aufteilung vonne Rollen direkt mit den Proben angefangen. Dat blöde war natürlich, dass der Rudi zu dem Krippenspiel überhaupt keine Lust hatte und nur da war, weil er von dem Karl bestochen worden war. Der hatte ihm versprochen, dat er am Ende von dem Krippenspiel den gesamten restlichen Glühwein vonne Seniorenadsventsfeier mitnehmen durfte und just vor Beginn der Probe wurde ihm klar, dat der Seniorenglühwein komplett ohne Alkohol ist und jetzt war er aber so richtig am Moppern dran. Nun musste er erst mal nur den Josef spielen, wozu im Grunde keine außergewöhnlichen schauspielerischen Fähigkeiten nötig sind. Aber jetzt mal ehrlich gesagt: Ein 83-jähriger Josef, der 'ne halbe Stunde braucht, um vom Stuhl hochzukommen und dann so wat von fuß- und knie- und hüftkrank ist, da fehlte schon ein bisschen vonne Dynamik. Dat konnte ich natürlich durch mein graziles Schreiten als hochschwangere Maria wettmachen und die Geburt im Stalle ging dann auch ruckzuck, da war der Josef sozusagen noch in Jerusalem oder sonst wo.
Nun mussten der Rudi und ich noch einspringen für die Szene bei den Hirten auffem Feld, aber dat is ja jetzt auch nicht so schwer zu spielen, wie die Hirten die Schafe hüten. Die stehen ja im Grunde nur dumm rum. Als der Rudi sich zwischendurch mal auf so'n Schaf setzten wollte, weil er vom Gang nach Betlehem immer noch fix und fertig war, fand er doch tatsächlich im Schaffell die Zähne von der Hedwig Hüttenbaum. Wie kamen die denn dahin? Der Rudi wollte sich dazu auf gar keinen Fall äußern, wat natürlich einen fürchterli-

chen Verdacht nährte. Aber gut, wir waren ja in einem evangelischen Gemeindehaus, da sind die Sitten vielleicht nicht ganz so streng wie bei uns im katholischen.
Für die abschließende Engelsszene sind der Rudi und ich dann noch mal eingesprungen. Allerdings fehlte da natürlich die entsprechende Kostümierung, weil die Flügel vonne Engel noch nicht fertig waren. Dat Gloria für ihr'n Ex mit dem Deo hat aber ganz super geklappt, sogar vierstimmig.
Dat Krippenspiel am Heiligen Abend war ein Riesenerfolg, wir sind danach sogar auf Tournee gegangen. Also jedenfalls einmal – am Sonntag nach Weihnachten bei der Schafzüchtervereinigung.
Dat Jahr drauf hatte ich eine unglaublich fantastische Idee für dat Krippenspiel. Und zwar hatten mir meine Kinder zum Geburtstag einen Besuch beim Starleit-Express in Bochum geschenkt. Da wollte ich immer schon mal hin und dat läuft ja auch schon seit 50 Jahren und irgendwann vielleicht nicht mehr. Jedenfalls war ich ganz glücklich, dat ich da in diesem Leben noch mal hinkomme. Und dat war so wat von schön, zwar ziemlich laut und so wat von flott und auch so gut gesungen und dann dat ganze noch mit Lokomotiven-Liebe dabei – ich war hin und weg. Mein Herbert war leider nicht mit, weil der nicht für so wat Modernes ist, aber ich hab ihm zu Hause alles vorgesungen und da hat er dann doch bereut, dat er nicht dabei war. Und wie ich grad dat Vorsingen im Ehebett beendet hatte, hab ich gedacht, wat die bei dem Starleit können, dat können wir doch auch beim Krippenspiel.

Jetzt muss ich doch mal eben wat dazwischenschieben. Hatte ich schon erwähnt, dat ich bei all meinem Tun für die Gemeinde noch Zeit hatte für'n Kirchenchor? Dat möchte ich auch echt nicht missen, dat ist so 'ne Freu-

de, gemeinsam zu singen und hinterher dann noch beieinander zu sitzen und die Stimme zu schmieren, wat mit kleinen Apfelkörnchen immer noch am besten geht. Jetzt muss ich allerdings dazu sagen, dat wir mit unserm Chor über die Jahre immer weniger wurden und eigentlich nur noch bei Beerdigungen gesungen haben (weil ja immer jemand aussem Chor gestorben war). Nach dem fünften Trauerfall im Chor haben wir uns sogar 'ne schöne Choreografie für am Grab ausgedacht, damit da auch mal 'ne kleine Abwechslung war (denn die Lieder blieben ja immer gleich): natürlich schön feierlich und würdig und mit Schulter vor nach rechts und dann nach links oder umgekehrt.
Dat wir nur noch bei Beerdigungen singen, hatten wir übrigens unserm Pastor zu verdanken. Der wollte uns nämlich nicht mehr inne Kirche haben. Und dass nur, weil unserm 1. Sopran, der Anne Wischlinski, die mit 85 Jahren noch problemlos dat hohe C singen konnte, mitten beim schönsten Ave Maria bei der Hochzeit vom Neffen von unserm Pastor mit der Sabine Hein dat Gebiss vonne Orgelempore und der Schwiegermutter vom Neffen innen Ausschnitt gefallen is'. Dat hat natürlich für ordentlich Gesprächsstoff gesorgt, aber die Anne hat dat Ave Maria auch ohne Zähne bravurös zu Ende gebracht. Der Pastor hat dat Singeverbot nicht mal aufgehoben, als wir ihm ein Ersatzgebiss gezeigt haben, wat der Ernst Pasulke von seinem Zahnarzt besorgt hatte und wat jetzt für solche Notfälle immer auffem Orgelspieltisch lag. Er war da wohl irgendwie fies vor.
Ich habe neulich mal im Fernsehen gesehen, dat Singen in einem Chor nicht nur schön ist, sondern sogar gesund macht. Sogar wennse zu Depressionen neigst, baut dat Singen dich auf. Also dat kann ich wirklich nur bestätigen – mit dem gesund und froh machen vom Singen, außer im Winterhalbjahr, da ist dat doch so 'ne

Sache. Wenn dat draußen so richtig nass und kalt ist und die meisten im Chor mit 'ner dicken Erkältung da sitzen und ständig am Husten oder Niesen dran sind, dann wirsse auch nicht so richtig froh und munter. Unser Chorleiter kriegte da immer die Frengeln, besonders wenn alle anfingen, nach den Döschen mit den kleinen Hustenpastillen zu kramen. Meistens hatte ja unser Mann im Bass, der Ernst Pasulke, so'n kleines Blechdöschen dabei, aber bis dat Döschen vom Bass vorne im Sopran angekommen war, war unser Chorleiter komplett bedient. Dat Gerappele konnte einen aber auch wirklich nerven. Und et ist auch nicht selten vorgekommen, dat beim Singen sich dann so'n Hustenbonbon selbstständig machte und auffe Noten vom Nachbarn landete. Irgendwann hatte unser Chorleiter dann so den Kaffee auf, dat er einen riesigen Hustenbonbonlutscher gekauft hat. Der wurde dann während der ganzen Chorprobe durch die Reihen gegeben und jede und jeder konnte mal dran lutschen. So gab dat dann wenigsten kein Gerappel mehr und der Husten hatte sich ruckzuck bei allen erledigt.
Am Schluss waren wir leider in unserem Kirchenbeerdigungschor nur noch zu viert. Nicht wahr, dat is ein bisschen mager – also nicht vonne Figur, aber wat da bei vier Leuten vorne rauskommt!
Und jetzt muss ich mal wat richtig Positives zu dem ganzen Gemeindezusammenlegungsgedöns sagen: Für unsere Kirchenchöre ist dat die Rettung! Nachdem wir nämlich mit den acht Gemeinden zusammen waren, waren wir in unserem Kirchenchor auf einmal zu zwölft! Und dat tollste daran war, dat auf einmal ein bisschen Geld inne Kirchenkasse drinne war und so konnte die Gemeinde einen neuen Kirchenchorleiter einstellen.
Hömma, dat is ein ganz netter junger Mann, der is sogar noch Student – und zwar studiert der Maschinen-

bau in Wuppertal und hat jetzt bei uns einen Ein-Euro-Job als Kirchenchorleiter. Da kommt der zu unserer ersten Chorprobe und sagt: So, jetzt is ma Schluss mit diesen ganzen alten Chorälen und Kammellen, jetzt machen wir mit unserem Kirchenchor mal ganz wat Neues, wat Modernes. Und wissen Sie wat: Wir sind jetzt ein Gospelchor!

Ich hab dat Gospel ja schon mal im Fernsehen gesehen, also da is ja 'ne Begeisterung drin, dat is wunderbar. Dat einzige Problem bei dem Gospel is' allerdings, dass dat leider nicht inne üblichen Sprache gesungen wird, also nicht in Latein! Dat is alles Englisch und früher gab dat bei uns ja noch gar kein Englisch. Aber der Chorleiter schreibt uns den Text, so wie er auszusprechen ist, komplett unter die Noten drunter und dann können wir dat Ganze einwandfrei in fließenden Englisch vom Blatt runtersingen.

Und soll ich Ihnen wat sagen? Seitdem wir den Gospelchor haben, klappt dat auch mitte Gemeindezusammenlegung! Wenn wir nämlich sonntagsmorgens um 9.30 Uhr im Gottesdienst singen (mit dem Gospelchor dürfen wir auch wieder inne Kirche rein), dann stehen wir vorne auf den Altarstufen mit unseren Gospelschals in schwarz-gelb und summen uns schön ein. Und wenn dann die Leute inne Kirche reinkommen und sehen vorne den Gospelchor, dann denken sie sich: Mmh, wir könnten auch noch zum Spätgottesdienst nach Castop-Rauxel fahren. Ja siehste, so hat dat Ganze auch sein Gutes.

Wie bin ich denn jetzt eigentlich darauf gekommen? Ach richtig, wir waren ja beim Musical. Und dat ich die glorreiche Idee hatte, dat so'n Krippenspiel mit meiner ökenemenischen Seniorenspielgemeinschaft doch auch als Musical toll wäre. Ich habe frühzeitig die übrigen

Mitspieler einberufen. Wie sich herausstellte, waren wir wieder nur zu dritt, aber inzwischen waren wir ja ein eingespieltes Team. Jetzt mussten wir nur schöne Lieder finden, die dann umtexten auf Maria und Josef, die Hirten, die Engels und die drei Eiligen Könige und schon konnten wir zur Aufführung schreiten. Dat Musical-Krippenspiel wurde ein sagenhafter Erfolg.
Hier für Sie zum Nachspielen der Ablauf:
Los geht so'n Krippenspiel immer mittem Aufbruch von Maria und Josef nach Betlehem. Dat Eröffnungssolo hatte natürlich Maria, also ich: „Ich will 'nen Engel als Mann, ich will 'nen Engel als Mann. Dabei kommt's mir gar nicht auf das Küssen an, weil ich weiß, dat so ein Engel zeugen kann." (Im Original heißt dat: „Ich will 'nen Cowboy als Mann")
Danach sofort dat Lied vom Josef: „Reite mit mir in den Morgen, reite mit mir in das Glück. In einem Stalle zu wohnen, ist so schön bei der Engelsmusik." Die drei Könige, wo der Karl, der Rudi und ich ran mussten, haben bei ihrem Aufbruch aussem Morgenland gesungen: „Pack den Weihrauchkübel ein, Gold und Myrre is doch fein, und dann ziehn wir durch die Wüste! Zu dritt sind wir nie allein, auf Kamelen is doch fein und das Sternlein dort am Himmel, ja das lässt uns nicht allein." (Im Original ist dat ja „Pack die Badehose ein").
Dat Lied vonne Hirten, wat wir drei dann auch eben übernommen haben, war ein Traum: „Draußen auf dem Felde, die Hirten dumm rum stehn. Dort bei ihren Schafen, könnt ihr sie dort sehn. Sie sollen ziehn nach Betlehem, vor dem Stalle solln sie stehn, vorm Stall von Betlehem, vorm Stall von Betlehem." (Haben Sie erkannt – oder, dat Original is Lilli Marleen!)
Die Engels, ebenfalls von uns dreien gespielt, sangen im Anschluss anne Hirten: „Sie sind im Stall, im Stall, im Stall und wir darüber. Singen hier die schönsten Lieder

inne ersten Weihnachtsnacht. Jubilee – es ist vollbracht!" (Kennen Sie auch im Original: „Er steht im Tor!) Nach dem Engelschor sang Maria – also ich – wieder im Solo: „Engel, komm bald wieder, bald wieder zu mir. Engel, wart nicht lange, ich gehöre nur dir!" (Bekannt vonne Beerdigung vom Karl Wasilewski.) Und der Josef hinterher: „Schwarzbraun ist mein Haupteshaar, schwarz -braun auch das von Maria, blond das Haar vom Kindelein, sag mir, wie kann das sein?"

Und dat Jesuskind inne Krippe hatte dat finale Schlusslied: „Schön ist es auf der Welt zu sein, spricht aus der Krippe nun das Kindelein. Es gibt Geschenke, dat is fein, schön ist es auf der Welt zu sein!"

Wo wir alles wunderbar fertig kompeniert hatten, kriegte der Karl Koslowski auf einmal Riesenzweifel, ob dat auch funktionieren würde und ob die Leute inne Christmette auch inne Andacht von Weihnachten reinkommen würden oder sofort die Kirche verlassen oder sogar faule Eier auf uns werfen würden. Ich sag: Herr Koslowski, wo sollen die denn inne Kirche Eier herkriegen?

Und wissen Sie wat? Dat Weihnachtskrippenspielmusical wurde ein Wahnsinnserfolg! Wir sind damit bis Aschermittwoch inne umliegenden Gemeinden im gesamten Ruhrgebiet und Witten-Annen unterwegs gewesen. Und dann wurde dieser Endru Loid Weber auf uns aufmerksam und hat uns dat Stück vom Fleck weg abgekauft, für 'ne ordentliche Pulle Konjak und 'ne schöne Flasche selbstgebrauten Eierlikör aus Amerika.

Und daran kannse sehen, dat die Ökenemene gut funktioniert, jedenfalls ganz unten anne Basis und wenn klar ist, wer vorne weg geht!

Inne Mitte geht noch was rein!

Jetzt musste ich dat Schreiben von dem Buch für ein paar Tage unterbrechen, weil Katholikentag in Regensburg war und ich da natürlich hin musste.
Nee, wat war ich davon fertig! Angefangen vonne Hüften bis runter inne Füße tat mir jeder Zentimeter vonne Beine weh. Zuhause habe ich erst mal Venensalbe draufgemacht und Fußbäder und jetzt geht dat schon wieder. Dann war dat am ersten Tag so wat von am Regnen dran, am nächsten Tag 'ne Eiseskälte und am letzten Tag 'ne Gluthitze. Ich sag nur: Klimawandel – auch bei den Katholiken! Den Schnupfen hab ich jetzt noch.
Wahrscheinlich muss ich aber doch erst mal vorne anfangen, weil ja nicht alle von meinen werten Leserinnen und Lesern inne Ahnung drin sind. Et ist ja in jedem Jahr abwechselnd vonne Fraktionen vonne Kirche so ein Kirchentag, wo die Leute zusammenkommen, also ein Jahr evangelischer und dat andere Jahr katholischer Katholikentag.
Ich fahre da schon seit einigen Jahren immer hin, weil dat ein großartiges Erlebnis ist. Meistens gibt dat ein günstiges Angebot vonne Jugend aussem Dekanat oder aus der Evangelischen Nachbargemeinde. Der einzige

Nachteil, wennse mit Jugendlichen fährst, ist der, dat die Quartiere für die Übernachtung Turnhallen sind! Also keine Zimmer mit Betten und Badezimmer, sondern Turnhallen mit Luftmatratze und Schlafsack und Gemeinschaftsdusche. Dat is natürlich in meinem Alter 'ne echte Herausforderung. Meinen Herbert kannse hinlegen, wo du willst, der schläft überall wie'n Braunbär im Winterschlaf – aber er schnarcht auch genauso. Bei dem ersten ökenemenischen Kirchentag in Berlin 2003 hatten wir am Schluss 'ne Turnhalle für uns, weil alle anderen ausgewandert waren und ich in echter Sorge um die Ökenemene war. Dat keiner mehr wat mit den Katholiken zu tun haben will – wegen dem Tiefschlaf und der Schnarcherei. Aber ich glaube, da sind die Evangelischen dann doch tolerant.
Und dat Problem hatte sich irgendwann von alleine erledigt. Ich hatte nämlich in dem Programm gelesen (ich glaube, dat war beim evangelischen Katholikentag in Köln 2007), dass dat bei dem Kirchentag extra nur für Männer ein Männerzentrum gibt.
Wat 'ne tolle Idee! Wir sind sofort am ersten Tag nach dem Eröffnungsgottesdienst zu dem Zentrum gefahren. Da habe ich den Herbert abgegeben und zu ihm gesagt: Herbert, ich hole dich hier am Sonntag wieder ab! Viel Vergnügen! Und dann habe ich ihm zehn Euro Taschengeld gegeben, dat sollte reichen.
Aber jetzt sag ich Ihnen ehrlich, ich hatte ja überhaupt keine Ahnung, wat in so einem Männerzentrum abgeht. In meiner Naivität hab ich natürlich gedacht, dat wäre so wie bei der KAB-Versammlung. Da würden die Männer bei einem leckeren Bierchen zusammensitzen, sich einen schönen Vortrag anhören und hinterher diskutieren, wie man die Buden für's Gemeindefest am schnellsten aufbaut. Ja, aber Pustekuchen!
Als erstes mussten die Männer in dem Männerzentrum

einen Stuhlkreis bauen – ohne Tische! In dem Stuhlkreis drinnen war eine gestaltete Mitte, allerdings mit Bier, Pizza, Bockwürstchen und 'ner Bibel. Und dann mussten die Männer im Stuhlkreis drinnen atmen. Also bewusst atmen. Ein und aus und aus und ein, ohne dat zu bewerten.
Aber es kommt noch besser! Nach zwei Stunden nur mit Atmen mussten die Männer in sich selber reingehen. Soll ich Ihnen mal wat sagen? Mein Herbert hat sich komplett in sich drin verirrt! Ich habe drei Monate gebraucht, bis der überhaupt mal wieder aus sich herausgekommen ist.
Also ehrlich, da musse als treusorgende Ehefrau schon sehr gut aufpassen, wo du deinen Gatten abgibst!
In Dresden bei dem Kirchentag war dat dann einfacher. Weil aus der Gegend von Dresden der Karl May herkommt, der die ganzen Winnetou-Bücher geschrieben hat, haben die sich vom Kirchentag gedacht, dat sie mit den Männern Pfeil-und-Bogen-Schnitzen machen und Friedenspfeife rauchen. Da war mein Herbert zwar noch Wochen später bekifft, aber irgendwie auch immer lustig drauf.
Aber jetzt nach Regensburg zum Katholikentag bin ich denn doch lieber alleine gefahren bzw. mit 'ner Reisegruppe vom Pastoralen Raumgedöns. Wat auch besser war, denn wir haben in einer Turnhalle von einer Nonnenmädchenrealschule genächtigt und da hätte mein Herbert ja gar nicht reingedurft. Dat war allerdings 'ne echte Luxusturnhalle, also katholischer Luxus: ein Riesenkreuz hing an einer Seite vonne Turnhalle, wo sonst die Taue zum Hochklettern hängen. Da war nicht ein Kratzer anne Wand oder auffem Fußboden – ich glaube, die Mädchen machen da nur rhythmische Sportgymnastik mit Bibeln und Rosenkränzen oder tanzen nur Ballett oder üben Prozessionen für Fronleichnam;

nicht so wie bei uns inne Turnhalle, wo unser Mats-Kevin Hockey spielt, die seit ihrer Erbauung inne 50-er Jahre nicht einmal renoviert worden ist und schon fünf mal abgerissen werden sollte. Da siehse doch mal, wat Nonnen für'n guten Einfluss haben, sogar auf Gebäude. Aber dat is jetzt nebensächlich. Wat ich eigentlich erzählen will, is, dat ich mit den Jahren immer unzufriedener geworden bin mit der Gestaltung von den evangelischen und katholischen Katholikentagen. Im Grunde ist dat immer datselbe. Irgendwelche schlauen Leute oder Politiker oder sogar die Bundeskanzlerin oder Bischöfe oder andere Gelehrte halten schlaue Reden und die meisten hören zu und regen sich hinterher auf.
Als ich in Regensburg aus einer Veranstaltung mit unglaublich schlauen Menschen mit sagenhaft schlauen Reden auf der Bühne rauskam, hatte ich den Kaffee auf und dachte bei mir selber, dat ich jetzt unbedingt 'nen Kaffee brauche und ein ordentliches Stück Sahnetorte. Ich wollte also rein innen Bus, um ins Stadtzentrum zu fahren, wo dat ja meistens Cafés gibt. Der Bus war allerdings so wat von voll und der nächste auch, dat ich schon am Rande eines Nervenzusammbruchs war. Bevor sich dat dann aber zuspitzte, kam zum Glück ein Bus, wo ich mich noch reinquetschte. Jetzt war dat auch so wat von voll in dem Bus, dasse dich gar nicht festhalten musstest, weil du sowieso nicht umgefallen wärst. Und am dritten Tag von einem Katholikentag ist auch der allgemeine hygienische Zustand der Leute nicht mehr wirklich frisch zu nennen. Es war so wat von am Miefen in dem Bus, dat ich nach kürzester Zeit ins Wachkoma gefallen bin. Aber jetzt kommt es! Da hatte ich auf einmal 'ne Vision von einem Katholikentag im Jahr 2016:
Tausende Menschen und Kinder und Jugendlichen säßen überall inne ganze Stadt verteilt auf Papphockern

im Papphockerkreis, immer 20 zusammen. In einem Kreis säß der Bundespräsident, in einem ein Bischof, in einem anderen ein Rabbi, da hinten eine Pastorin, einer aus Bremen und eine aus Sindelfingen und dat wäre ganz egal, denn alle hätten bei der Anmeldung eine Farbe und eine Nummer bekommen und danach würden sie ihre Gruppe finden und so würden sich alle komplett bunt durcheinander mischen. Inne Mitte vom Papphockerkreis lägen 'ne Bibel und ein Teelicht und die Leute könnten selber noch reinlegen, wat sie für Ideen hätten. Und dann würden alle miteinander reden, aber auch zuhören und diskutieren und inne Bibel lesen und inne Stille reingehen und singen und dann wieder miteinander reden und zuhören und diskutieren und Kaffee oder Tee trinken und eine würde ihr Butterbrot rauskramen und mit den anderen im Papphockerkreis teilen und einer würde noch einen Apfel oder einen Matjes dazulegen und ein Kind würde einen Riegel Schokolade hinzulegen und so wäre dat in der ganzen Stadt, auf allen Plätzen, in den Parks und bei Regen inne Kirchen und Schulen und Gasthäusern oder auch inne Wohnungen und keiner wüsste wat besser oder wäre schlauer als die anderen, außer hinterher, da wären dann alle schlauer! Und glücklich! Weil dat wie damals war – inne Bibel!
Da gab dat doch auf einmal einen ganz kräftigen Ruck und ich merkte, dat ich nicht inne Zukunft, sondern im Bus war – allerdings war kein anderer mehr da, nur noch die Busfahrerin, die mich kräftig wachgerüttelt hatte, weil wir anne Endstation angekommen waren und sie mich schon zwei komplette Runden mitgenommen hatte und ich aber nicht wachzukriegen war. Aber jetzt wäre ihre Schicht zu Ende und ich müsse raus aussem Bus. Ich hatte ja überhaupt gar keine Ahnung, wo ich war, und es war auch schon dunkel, und da hat die

Busfahrerin gemeint, ich sollte doch einfach mit ihr kommen. Sie würde sich jetzt noch kurz mit einigen Kolleginnen und Kollegen treffen zu einem Absacker und irgendwie käme ich dann schon zur Nonnenrealschulmädchenturnhalle zurück.
Wir sind also zusammen inne Kneipe bei der Endhaltestelle rein, wo schon 'ne ganze Reihe Busfahrer und auch Fahrerinnen da waren.
Hömma, da war 'ne super Stimmung! Wir haben über Gott und die Welt und alles mögliche sonst noch geredet, zugehört, diskutiert. Es gab Wein und Bier, Hefeweizen, Apfelsaftschorle und wat sonst dat Herz begehrte. Jemand hatte sogar noch ein Butterbrot, weil ich so einen Hunger hatte und dat haben wir geteilt. Am Ende war'n wir auf einmal alle zusammen stille, weil dat draußen schon wieder hell wurde und wir gar nicht gemerkt hatten, wie die Zeit verging. Und dann hat mich jemand mittem Auto zur Turnhalle gefahren und ich habe mich reingeschlichen und bin in meinen Schlafsack ganz selig eingeschlummert.
Und sagen wir mal so: Wenn der nächste ökenemenische Kirchentag 2019 in Dortmund sein wird (wat ja auch 'ne komplette Vision von mir is) und ich dann noch im Vollbesitz meiner geistigen und körperlichen Kräfte bin (wovon auszugehen ist), dann kommen Sie bei mir vorbei, zum Reden und Zuhören und Diskutieren und Stillesein und zum Kaffee- und Teetrinken und auf ein schönes Stückchen Schwarzwälder Kirschtorte.

Und sie bewegt sich doch!

Hatte ich schon erwähnt, dat ich seit zig Jahren Mitglied inne KAB bin? Für die, die dat noch nie gehört haben, hier die Übersetzung: KAB, dat sind die Katholischen Arbeiternehmer inne Bewegung.
Da muss ich noch mal kurz erzählen, dat mein Herbert bei der KAB seit einiger Zeit der Vorsitzende von is. Dat kam im Grunde ganz gelegen, denn als mein Herbert in Vorruhestand gehen musste, hab ich zu Hause die Frengeln gekriegt. So'n Mann im Vorruhestand, dat is für die Gattin aber 'ne komplette zusätzliche Belastung. Gut, der Herbert hat die meiste Zeit auffem Soffa rumgelegen, aber dat geht dir mit der Zeit ja auch gehörig auffen Sender. Ich hab mal zu ihm gesagt: Herbert, wenn du dich da mal wundliegst, da kannse dir selber ein Pflaster draufkleben – oder die Schwester vonne Caritas anrufen.
Aber irgendwie denkse dann doch als treusorgende Gattin, dat so'n Mann irgendwie inne Verkümmerung reinkommt, wenn der nur auffem Soffa liegt – auch im Kopp. Gut, nicht dat der Herbert viel verpasst hätte. Ich habe dem ja nach meinen Aktivitäten inne Gemeinde und inner Welt alles haarklein erzählt – auch mitten inne Nacht, wenn der schon am Schlafen war.
Mein Herbert wollte partout nicht inne Aktivität rein. Erst hatte ich die Idee mit dem Schrebbergarten. Jetzt

kommst du heutzutage gar nicht so leicht an eine Parzelle dran. Da bot sich uns auf einmal eine gute Möglichkeit für ein Probejahr an. Und zwar in dem Garten vom Heinz Sablewski, der lag grad schwer darnieder mit einem ordentlichen Herzinfarkt, und da hab ich der Ingeborg angeboten, dat wir dat übernehmen würden, bis der Heinz wieder auffem Damm wäre. Mein Herbert seine Eltern hätten früher ja auch einen Schrebbergarten gehabt und da bräuchte sie sich keine Sorgen drum machen.

Zum Glück hatte der Heinz Sablewski so'n Rasenmäher wie ein Trecker. Da war mein Herbert gar nicht mehr von runter zu kriegen. Gut, jetzt sind ja eigentlich 16 Quadratmeter Rasen recht schnell fertig gemäht, aber der Herbert hatte nach kürzester Zeit alle Rasen inne komplette Nachbarschaft gemäht und auch noch den Gemeinschaftsrasen.

Ich habe mich dann munter an den Gemüsegarten rangemacht – allerdings mit nicht so ganz viel Ahnung. Aber ich habe einfach mal im Gartenfachmarkt nachgefragt, wat an Gemüse im Garten immer geht und wo dat nicht so viel Arbeit mit gibt. Die Fachmarktgärtnerin hat mir dann Zuchini empfohlen, dat kommt zwar aus Italien, aber sie meinte, dat würde auch in unseren Breiten wunderbar funktionieren. Ich habe direkt zehn Zuchinipflanzen gekauft und eingegraben.

Hömma, dat hat keinen Monat nach der Pflanzung gedauert, da warn an den Zuchinis die schönsten Blüten dran, sonnengelb. Da hab ich mich echt drüber gefreut und bei mir gedacht, dat ich doch ein grünen Daumen hab. Kurze Zeit später waren aus den Blüten kleine Zuchinis entstanden. Da hab ich gedacht, an mir is 'ne Bäuerin verloren gegangen. Aber keine zwei Wochen später waren aus den kleinen Zuchinis Zuchinimonster geworden. Du kannst da ja gar nicht so schnell gucken,

wie die Zuchinis wachsen, gerade noch Mini – und dann 5-Kilo-Kaventsmänner!
Ich will mal so sagen: In diesem Sommer gab dat bei uns zu Hause nur noch Zuchinis zu essen, in alle möglichen Variationen: Zuchini gekocht und gebraten, Zuchinisuppe, Zuchinisalat, Zuchiniauflauf, Zuchinipfannekuchen, Zuchinipuffer, Zuchini mit Nudeln, Zuchini mit Kartoffeln, Zuchini vom Grill, gefüllte Zuchini, Zuchinimuffins und Zuchinikuchen. Irgendwann beschwerten sich meine kfd-Schwestern, dat sie keinen Zuchinikuchen mehr essen würden, der wäre doch irgendwie fade und ich hätte auch schon lange keine Schwarzwälder Kirschtorte für sie mehr gemacht. (Vielleicht gibt dat ein Rezept für Schwarzwälder Zuchinitorte?)
Aber wat machse mit den ganzen Zuchinis? Die gesamte Nachbarschaft war auch schon im Zuchinistreik. Aber wegschmeißen geht doch nicht! So bin ich nicht erzogen! Ich wusste nicht mehr ein noch aus vor lauter Zuchinis! Hömma, da kam mir die rettende Idee! Und zwar beim Fernsehen. Da kommen doch freitagsabends immer so schöne Filme für's Herz im 1. Programm. Und da hatte ich wat gesehen, wo eine Frau einem Pfarrer ein Kind in den Beichtstuhl reingelegt hatte – ein Findelkind, weil sie so arm war oder irgendwatt, da kann ich mich jetzt gar nicht mehr so genau dran erinnern. In jedem Fall hat der Pfarrer dat Kind dann gefunden und erst mal behalten und umsorgt und am Ende hat er natürlich die Mutter gefunden und dann auch den passenden Vatter für dat Kind und: Happi End!
Darum geht dat ja aber jetzt gar nicht. Mitten im Film wusste ich auf einmal ganz genau, wohin mit den Zuchinis! Natürlich musste ich unsere Küsterin einweihen, wat aber mit selbstgebranntem Holunderblütenschnaps kein Problem darstellte.
Klammheimlich haben wir am nächsten Samstagvormit-

tag 'ne Schubkarre voll Zuchinis in den Beichtstuhl von unserem Pastor gelegt, wo der sie dann am Samstagabend fand. Sein Erstaunen war ziemlich groß, obwohl er froh war, dat kein Findelkind im Beichtstuhl drin gelegen hätte, wie er am nächsten Sonntag bei der Predigt erzählte – der muss den Film wohl auch gesehen haben! Nach drei Wochen Zuchinis im Beichtstuhl meinte unser Pastor bei der Predigt, dat ihm die Zuchinis mittlerweile aussen Ohren heraus kämen und eigentlich würde er gar keine mögen und dat Altenheim, wo er die immer weitergegeben hätte, wäre jetzt auch inne Zuchini-Verweigerung. Im Grunde hatte sich die Zuchiniproblemattik dann von selbst erledigt, weil mein Herbert aus Versehen (wie er sagte) mit dem Rasenmäher über dat Gemüsebeet gefahren war. Der Heinz Sablewski war dann auch schneller als gedacht genesen und konnte seinen Garten zum Glück wieder in Besitz nehmen.

Wie bin ich jetzt überhaupt darauf gekommen? Ach richtig, es ging ja darum, meinen Herbert irgendwie inne Bewegung zu kriegen. Leider ist er nämlich nach der Schrebbergarten-Aktion wieder auffem Soffa gelandet. Ich wusste mir, ehrlich gesagt, nicht mehr zu helfen und habe dann auch mal in einer ruhigen Minute nach dem Hochamt unsern Pastor angesprochen, ob er nicht 'ne Idee hätte, wo man den Herbert inne Gemeinde unterbringen könnte. Er sagte, er würde da mal in aller Ruhe drüber nachdenken – aber am Ende is ihm auch nix eingefallen. Und dann kam dat rettende Pfarrblättchen in meine Hände. Da stand drin, dat unsre KAB am nächsten Sonntag ihre Jahreshauptversammlung hätte und alle sollten kommen. Zum Glück konnte ich mein Herbert motivieren, da hinzugehen und soll ich Ihnen wat sagen? Mein Herbert is sofort zum Vorsitzenden gewählt worden. Is dat nicht schön? Da hatte ich doch den richtigen Riecher! Gut, jetzt kann mein Herbert natürlich nicht so gut reden wie ich, aber dat macht gar nix. Ich schreibe dem zu Hause alles auf, wat der sagen soll, und seitdem geht dat mit der KAB wieder schön bergauf.

Wir haben jetzt sogar vonne KAB und vonne kfd ein gemeinsames Blättchen mit dem Jahresprogramm. Die meisten von uns sind ja sowieso in beiden Vereinen drinnen, dat spart ordentlich Kosten für Kopien.

Am beliebtesten bei allen Mitgliedern ist im Oktober die Weinprobe. Da kommt dann ein Winzer vonne Mosel und bringt sehr leckere Weine mit. Und da ist dat ja von Vorteil, wenn der nachmittags bei der kfd ist und abends bei der KAB. Dat lohnt sich für den ja auch mit der Anfahrt. Nachmittags bei unserer kfd gibt dat immer noch Kaffee und Kuchen zur Weinprobe, abends bei der KAB Baguette, Käsehäppchen und Bier. Im November muss unser Pastor ran, dat Thema wird jeweils kurzfristig bekanntgegeben, weil er sich so lange im Voraus nicht damit beschäftigen kann. Und im Dezember haben wir bei beiden Vereinen jeweils sehr schön gestaltete Adsventsfeiern mit leckerem Glühwein und Plätzchen und abends bei der KAB natürlich mit Bier und bei der kfd verkaufen wir immer noch die Reste vom Adsventsbasar.

Vor einiger Zeit hatten wir bei unserer KAB den Bildungsreferenten von der KAB aussem Bezirksbüro für'n Vortrag zu Gast. Und zwar war dat Thema von diesen deutschen Komiker Hape Kerkeling, der aussem Fernsehen total bekannt ist. Der war ja mal 'ne Zeit lang weg und hat darüber ein Buch geschrieben. Dat Buch kenne ich jetzt nicht, wohl aber den Kerkeling und ich dachte erst, dat sie sich dat vonne KAB leisten können, so 'ne Berühmtheit einzuladen, aber dann war der gar nicht

selber da. Es ging auch nur um dat Thema: „Mal weg sein". Jetzt kannse dir dat ja als normale Gattin und Hausfrau und Omma und Ehrenamtliche inne Gemeinde im Grunde gar nicht erlauben. Aber der KAB-Referent war doch sehr inne Begeisterung, weil er selber auch mal weg war und zwar auf Pilgerfahrt nach diesem Santiago vom Compostella. Er hat sogar Bilder gezeigt und ich muss sagen, dat war doch schon sehr schön, wat es da zu sehen gab. Am Schluss des Vortrages meinte er dann noch, dat sie vonne KAB selber so 'ne Pilgerfahrt auf dem Jakobsweg nach Santiago vom Compostella anbieten wollten. Sie wollen zwei Wochen auf Pilgerschaft gehen, jeden Tag so ca. 20 Kilometer laufen mit Schweigen und inne Bibel lesen. Dat Gepäck würde allerdings mit einem Bus transportiert und man würde auch in Hotels und nicht in so billigen Herbergen übernachten und wer mal 'ne Blase hätte, könnte auch ein Stück mit dem Bus fahren und der Höhepunkt wäre in der Kathedrale von Santiagos Compostella ein feierliches Hochamt mit dem Riesenweihrauchfass, wat geschwenkt würde, damit die Kirche nicht nach den ganzen durchgeschwitzten Pilgern stinkt.
Also, dat hörte sich doch wirklich sehr feierlich und schön an. So'n festlichen Gottesdienst mit ordentlich Weihrauch haben wir bei uns inne Kirche lange nicht gehabt. Als ich nachfragte, ob es nicht möglich wäre, nur zum Gottesdienst in die Kathedrale zu kommen, war der Referent vonne Bildung doch sehr überrascht. Also, nur für'n Gottesdienst mal eben drei Stunden mittem Flugzeug hin nach Spanien und drei zurück, dat wäre wohl doch etwas übertrieben und auch ziemlich teuer. Ich sag: Wie Spanien? Hömma, da wurde mir erst mal richtig klar, dass dat Santiago von Compostella gar nicht umme Ecke, sondern in Spanien liegt. Aber es heißt doch immer, dass dieser Pilgerweg vom Jakob

sogar mitten durch Dortmund und Köln und jetzt sogar auch durch Bielefeld geht. Ja, sagte er, dat wären eben die Pilgerwege, aber dat große Ziel liegt nun mal in Spanien.
Ich sag jetzt mal so: Spanien kommt für mich überhaupt nicht in Frage, da is immer so 'ne Hitze und dann die ganzen Mücken und fliegen tu ich schon mal gar nicht.
Den weitesten Urlaub, den wir jemals im Leben gemacht haben, war in Gernsbach im Schwarzwald, wat damals mittem Käfer und drei Blagen auffem Rücksitz 'ne Weltreise war. Wir war'n auch schon mal inne Lüneburger Heide – also ganz früher, nur mein Herbert und ich, dat is aber mit Spanien nicht zu vergleichen. Und im Sauerland war'n wir ja regelmäßig mit den Kindern, als die noch klein waren, in Günne oder Rahrbach im KAB-Haus.
Und dann mal ehrlich gesagt, zwanzig Kilometer laufen – an einem Stück! Dat is ja wie von zu Hause bis Witten -Annen oder bis Castrop-Rauxel-Henrichenburg. Und dat zu Fuß!!! Also, dat war klar, Spanien kam für mich nicht in Frage. Aber offen gesagt, irgendwie hab ich dat mit dem Pilgern nicht mehr aussem Kopp gekriegt. Die Vorstellung davon, mal einfach so unterwegs zu sein, von allem weg, kein Stress mehr mit niemanden, fand ich total reizvoll. Ich habe meinen Enkel, den Mats-Kevin, gefragt, ob er mir mal helfen könnte in dem Internetz, dat ich irgendwie rauskrieg, wo hier in Dortmund der Pilgerweg von dem Jakob wäre. Und tatsächlich hatte er dat ganz schnell raus und mir dann alles ausgedruckt, was es zu dieser Themattik gab. Ich habe zwei Wochen gebraucht, bis ich dat alles gelesen und studiert hatte. In jedem Fall kam bei dieser ganzen Lesung raus, dass der Pilgerweg fast an meiner Haustür vorbeigeht, nämlich von Lünen runter am Kanal lang,

den Hof Schulz-Gahmen links liegen lassen, anne Zeche Fürst Hardenberg vorbei, durch Brechten, inne Innenstadt rein, also übern Westen- und Ostenhellweg, da durch alle großen Kirchen durch, anne Westfalenhalle, sogar am Fußballstadion vorbei, dann nach Brünninghausen, Hacheney, in Wichlinghofen durch den Wald und dann hoch zur Hohensyburg und zwar nicht in dat Spielcasino, sondern zur St.-Peter-Kirche und von da aus weiter Richtung Herdecke, aber soweit wollte ich ja nicht.

Also, dat is natürlich schon 'ne ganz schöne Strecke, vor allem zu Fuß. Aber wer sagt denn, dasse alles zu Fuß gehen muss? Der Referent hatte doch gesagt, dat, wer 'ne Blase hat oder fußkrank wäre, könnte ruhig ein Stück mittem Bus fahren. Und wir ha'm in Dortmund ja sogar 'ne U-Bahn, nämlich die U49 nach Hacheney, wat ja schon die Hälfte der Strecke ist, und als mir dat alles klar war, hab ich gedacht: Ich geh pilgern und bin dann auch mal weg! Mein Herbert wollte nicht mit und da musste ich für den natürlich dat ganze Mittagsessen vorkochen und einfrieren, dass der mir nicht vom Fleisch fiel während meiner Pilgerschaft.

An meinen eigenen Proviant musste ich natürlich auch denken: Marmorkuchen, 'ne Thermoskanne Kaffee mit extra Dosenmilch in einer kleinen Flasche wegen der Umwelt, Wasser zum Trinken, Schokolade für die Nerven, zwei schöne Äpfelchen für Vitamine und noch einen kleinen Aufgesetzten und 'ne Tüte Schips.

Mir wurde schnell klar, dass dat gar nicht alles in meine Handtasche reingeht, aber da brachte mir schon mein Sohn, der Kalle, der bei uns oben auffem ausgebauten Dachboden wohnt, seinen Rucksack. Als der den ganzen Proviant sah, fragte er, ob ich jetzt doch bis nach Spanien wolle? Nö, sag ich, nur bis zur Hohensyburg – aber ich gehe Pilgern und dat ist wat anders als wandern. Ich habe mich natürlich vor meinem Aufbruch von all meinen lieben kfd-Schwestern und von unserm Pastor und unserer Gemeindereferentin verabschiedet. Die gab mir tatsächlich 'ne echte Jakobsmuschel und meinte, die hätte sie auch mal getragen und dat sie wegen dem ganzen Erstkommion- und Firmgedöns sowieso nicht mehr nach Compostella käme und dat ich die Muschel für sie beim Pilgern immer um den Hals tragen sollte, dat würde mir Glück auf meinen Weg bringen. Da war ich schon mal ziemlich inne Rührung drin und mir fiel auf, dat ich unbedingt noch Taschentücher einstecken musste.

Tag 1 auffen Pilgerweg

Der erste Tag von meiner Pilgertour. Nun isset ja so, dass du beim Pilgern möglichst früh losgehen sollst, damit du nicht inne Mittagshitze reinkommst. Gut, es waren draußen nur 12 Grad und von Mittagshitze im Oktober hab ich auch noch nix gehört. Ich habe noch schön mit meinem Herbert gefrühstückt und mich dann von ihm verabschiedet. Er hat mir doch tatsächlich den Wanderstock von seinem Großvatter aussem Kabbuff geholt und ihn schön poliert, damit ich 'ne Stütze habe auf meinem Pilgerweg vom Jakob. Ach, da war ich schon wieder inne Rührung drin.

Ich also frisch und fröhlich so um 11 Uhr aus der Haustür raus, da läuft mir doch direkt die heulende Hilde inne Arme. Ach, wat wäre sie froh, dat sie mich noch antreffen würde, sie hätte schon die ganze Nacht durchgeheult und wüsste nicht mehr, wie dat weitergehen sollte. Ja, da kannse jetzt auch nicht einfach weitergehen, die Hilde is ja eigentlich nicht nur 'ne Nachbarin, sondern sogar 'ne Freundin von mir und meine 2. Teamsprecherin vonne kfd.

Wir sind dann also erstmal wieder rein zu mir. Mit 'ner

heulenden Hilde auf der Straße stehen ist nicht so schön, da gucken gleich die Leute. Der Herbert guckte allerdings auch komisch, als ich nach fünf Minuten schon wieder inne Küche stand – aber nachdem er den Ernst der Lage begriffen hatte, verzog er sich aufs Soffa. Zur allgemeinen Beruhigung habe ich erst mal ein Eierlikörchen geholt. Ich sag: Hilde, wat is denn los, dass du hier so fürchterlich rumheulst? Zum Glück hatte ich ja genug Taschentücher in meinem Pilgerrucksack.
Und dann brach dat ganze Drama aus ihr heraus: Sie hatte ihren Willi in flagranti erwischt, wie er der Else Puckenschrötter hinterhergepfiffen hätte. Und sie hätte ihn ja schon lange im Verdacht gehabt, dass er scharf auf die wäre, und jetzt hätte sie den Beweis. Gut, werden Sie jetzt denken, hinterherpfeifen is ja jetzt noch nicht so schlimm. Aber Sie kennen die Else Puckenschrötter nicht. Die hat doch erst vor kurzem so 'ne komplette Inventur von sich selber machen lassen. Die hat sich das Fett, wat sie ihr am Bauch weggesaugt ha'm, obenrum (also Brustraum) reinstopfen lassen und im Gesicht haben sie die so wat von gestrafft, dat sie jetzt nur noch mit offenen Augen schlafen kann. Aber alle gucken der jetzt natürlich so wat von hinterher und besonders die Männer, wegen ihrem üppigen Vorbau.
Ich habe der Hilde vorgeschlagen, dat sie doch mal zu so einer Beratungsstelle gehen sollte. Es gibt doch sogar 'ne katholische Beratungsstelle im Katholischen Centrum in Dortmund inne City. Ich hab nur Gutes vonne Eheberatung gehört. Unsere Ute ist mit ihrem Heinz-Peter auch mal bei einer Beratung, aber in Essen-Kettwig, gewesen und dat hat den beiden ihre Ehe gerettet. Die waren sogar nur einmal da und danach haben sie übereinstimmend gesagt, dat der Typ vonne Beratung ihnen ganz unsympathisch und furchtbar war. Und dat war dat erste Mal in ihrer Ehe, dat sie sich einig

waren und neun Monate später war die Marie-Sophie-Chantalle da. Ich habe der Hilde geraten, dat sie ja auch zu einer evangelischen Beratungsstelle gehen könnte und auch nach Lünen oder Unna, da würde sie keiner kennen und sie müsste ihren Willi ein bisschen erpressen, dass der mitgehen würde.
Nach dem fünften Eierlikör wurde dann die Stimmung bei der Hilde tatsächlich wieder besser und nachdem wir den Pilger-Marmorkuchen und die Äpfel aussem Rucksack auf hatten, meinte sie, dat sie jetzt stark genug wäre, wieder nach Hause zu gehen und ihrem Willi die Pistole auf die Brust zu setzten wegen der Beratung. Da war ich echt froh, denn eigentlich ist der Willi gar kein schlechter – aber eben ein Mann.
Mit dem Pilgern konnte ich dat jetzt natürlich erst mal verschieben, zumal es schon dunkel und ich vom Eierlikör gehörig dusselig im Kopf war. Ich habe mit meinem Herbert noch den restlichen Proviant geteilt und dann bin ich früh schlafen gegangen, weil ich ja am nächsten Morgen wieder früh los wollte auffen Jakobsweg.

Tag 2 auffem Pilgerweg

Am nächsten Morgen habe ich natürlich alles wieder schön fertig gemacht. Statt Marmorkuchen gab dat jetzt allerdings Zitronenkuchen und statt Äpfel Birnen in Rucksack. Meinem Herbert habe ich Tschüss gesagt und los ging es in voller Montur – also mit Rucksack, Stock und Muschel. Ich will grad inne U-Bahn einsteigen, da quatscht mich doch so'n Rotzlöffel vonne Seite an: Ey, Omma, wo willst du denn in diesem Aufzug hin? Ich sag: Jetzt aber mal ganz vorsichtig, von wegen Omma, dat sagst du Bürschchen aber nicht zu einer gestandenen Pilgererin! Ja, wat soll ich denn sagen, meinte dat Bürschchen, du bist doch meine Omma!!!
Hömma, da hab ich erst auffen dritten Blick erkannt,

dass dat Bürschchen tatsächlich mein persönlicher Enkelsohn ist – nämlich der Sören-Torben-Herbert. Ich hab den gar nicht erkannt. Der hatte 'ne Mütze auf, die dem fast bis zur Nase ging, dafür hing ihm die Hose zwischen den Knien und dann noch so'n Ring durch die Nase. Also ehrlich, dat war mir schon ein bisschen peinlich – aber zum Glück war ja sonst keiner am Gleis.
Ich sag zu ihm: Wat machst du denn hier so früh am Morgen – also Mittag, es war ja schon 12 Uhr – anne Haltestelle vonne U-Bahn? Und dann hat er mir erzählt, dat er doch nach'm Abitur nicht genau wusste, wat er weiter machen wollte, ob Studium oder 'ne Lehre und weil dat ja auch keinen Zivildienst mehr gäbe, hätte er sich entschlossen, Bufdi zu werden. Ich hatte schon mal so ungefähr gehört, wat dat is, aber ich dachte, dat würden eher Leute in meinem Alter machen, im Sinne von Ehrenamt mit Geld vonne Regierung. Aber weit gefehlt!
Er erzählte mir, dat er bei einem jungen Mann wäre, der im Rollstuhl sitzen würde wegen einer ganz gemeinen Krankheit, wo die Muskeln immer schwächer würden, und der rund um die Uhr Hilfe brauchen würde bei allen möglichen Sachen, die eben so anfallen würden. Und da wären sie jetzt mit einige Mann und auch Frauen und würden dem abwechselnd zur Seite stehen und den begleiten und helfen.
Ich war inne kompletten Rührung über meinen Enkel und froh, dat ich im Rucksack Taschentücher dabei hatte. Mein Enkel Sören-Torben-Herbert! Wo wir uns immer so Sorgen drum gemacht haben, wat aus dem Jungen mal wird, weil ja dem sein Vatter abgehauen war. Wat hat der früher Mist gebaut, schon im Kindergarten und inne Schule immer kein Bock auf nix. Und jetzt macht der tatsächlich wat Soziales und kümmert sich um jemanden. Also ehrlich, es steckt doch immer mehr

in einem drin, als wie du von außen denkst und sogar inne Jugend von heute!
Der Sören fragte mich, ob ich nicht Lust hätte, mitzugehen. Der Steven-Patrick würde sich sicherlich freuen, mich kennenzulernen, er hätte ihm auch schon viel von mir erzählt. Gut, jetzt war ich ja eigentlich am Pilgern dran, aber ich hab gedacht, dat läuft mir ja nicht weg und wer weiß, wann ich noch mal die Gelegenheit dazu habe, so jemanden kennenzulernen. (Und wann läufse schon mal als ältere Dame mit so einem gutaussehendem Bengel durch dat eigene Viertel? Da werden die Mädels Augen machen!) Wir also zu dem Steven-Patrick und jetzt sag ich mal so: Wat ein netter Kerl!
Also, wir haben uns sofort super verstanden, zumal der auch so wat von gerne Eierlikör trank und sogar selbstgemachten da hatte und wir haben den kompletten Zitronenkuchen aufgegessen, den Aufgesetzten gepichelt, die Birnen verputzt und über Gott und die Welt gesprochen. Wir hatten richtig schöne Stunden beieinander, obwohl der ja echt ein hartes Schicksal hat, mit Rollstuhl und kaum Sprechen, aber trotzdem hat der so'n Lebensmut und 'ne Fröhlichkeit im Herzen, da kannse noch wat von lernen.
Der Sören hat mich zum Glück nach Hause gebracht, weil dat ja schon ziemlich dunkel war. Ich brauchte unbedingt einen ausgedehnten Mittagsschlaf, weil ich so wat von dusselig im Kopf war vom vielen Eierlikör und Aufgesetztem. Aber dat hat mich gar nicht gestört. Pilgern kannse ja auch noch morgen.

Tag 3 auffem Pilgerweg

Am nächsten Tag habe ich natürlich alles wieder schön fertig gemacht, statt Zitronenkuchen gab dat jetzt allerdings Nusskuchen und statt Birnen Pflaumen.
Zur Sicherheit brachte mich mein Herbert mit dem Auto

bis zur nächsten U-Bahn-Haltestelle, damit mir diesmal beim Pilgern nix dazwischenkam.
Ich sitz grad so schön in voller Montur inne U-Bahn Richtung Innenstadt drin, da setzt sich 'ne Frau mit Kopftuch und Plastiktüte neben mich und fragt in gebrochenem Deutsch, wie sie zu den Städtischen Kliniken kommen würde. Ich konnte ihre Frage gar nicht beantworten, weil sie direkt weiter sprach: Sie würde zum ersten Mal in ihrem Leben mit einer U-Bahn fahren und sie hätte große Angst im Dunkeln. Und dann fing sie ohne Vorwarnung an zu weinen. Gut, dass ich genug Taschentücher in meinem Rucksack hatte, da habe ich ihr erst mal welche angeboten. Ich meine, dat hat ja jetzt keinen Sinn, weiter zu pilgern, wenn da jemand inne U-Bahn neben dir sitzt und sich nicht auskennt und dann auch noch Angst im Dunkeln hat.
Anne Haltestelle Stadtgarten sind wir ausgestiegen und mussten dann eigentlich inne U42 umsteigen. Die junge Frau hat aber so wat von gezittert, dat ich sie erst mal innen Arm genommen hab und getröstet.
Wir sind dann nach oben anne frische Luft gegangen, damit sie sich beruhigt und da is ja auch so'n schöner Springbrunnen und da haben wir uns hingesetzt. Zum Glück hatte ich den leckeren Nusskuchen dabei, den haben wir erst mal gegessen und dann auch noch die Pflaumen und einen ordentlichen Schluck Kaffee aus der Thermoskanne gab es auch (aber ohne Schnaps). Sie hatte getrocknete Aprikosen in ihrer Tüte, die eigentlich für ihren Mann im Krankenhaus wären, aber die haben wir dann auch noch verputzt.
Ich konnte zwar nicht alles verstehen, wat sie sagte, aber irgendwie kam raus, dat sie gar nicht von hier wäre, sondern aussem Irak und dat sie von so komischen Gestalten durch halb Europa geschleust und dann schließlich in Dortmund gelandet wären und ihr Mann

hätte eine schlimme Krankheit. Sie wüsste gar nicht, wie dat alles weitergeht und dat sie aber erst mal hier in Dortmund bleiben dürften, dat hätte ihr die Dame von der Diakonie gesagt. Hömma, da war ich aber mal richtig froh, dat sie schon inne Begleitung vonne Kirche war, wenn auch vonne Evangelischen, aber in diesem Fall ja komplett egal!
Ich habe sie dann noch zu den Städtischen Kliniken gebracht. Und zwar nicht mit der U-Bahn, sondern zu Fuß, weil die Kliniken ja gar nicht so weit sind vom Stadtgarten und weil die junge Frau so nicht wieder in den dunklen Tunnel reinmusste. Als wir uns schließlich vor dem Krankenhaus verabschiedet haben, haben wir beide erst mal 'ne Runde geheult und dann hat sie mir Allahs Segen gewünscht und ich ihr Gottes Segen!
Ich habe meinen Herbert angerufen, dat er mich bitte sofort vonne Städtischen Kliniken abholen solle. Er hat erst ein mächtigen Schrecken bekommen und war inne Sorge, wat mit mir los wär – aber ich konnte ihn natürlich beruhigen.
An Pilgern war natürlich nicht mehr zu denken. Bis ich dem Herbert bei einem Fläschchen Wein alles erzählt hatte, war dat schon dunkel, und als die Pulle leer war, war ich nicht mehr inne Lage, noch einen Schritt auf dem Jakobsweg zu machen.

Tag 4 auffem Pilgerweg

Am vierten Tag habe ich früh am Morgen wieder alles fertig gemacht: 'ne frische Packung Taschentücher in meinen Rucksack, Thermoskanne mit Kaffee und Milch, Wasser. Kuchen war nicht mehr zu Hause, aber mein Herbert hat mir zwei Euro von seinem Taschengeld gegeben, damit ich mir beim Bäcker noch ein Teilchen für die Wegzehrung kaufen konnte. Dann hat er mich mit dem Auto direkt bis zum Hauptbahnhof gebracht, damit mir diesmal beim Pilgern aber auch überhaupt nix dazwischenkommt und ich direkt in die passende U-Bahn Richtung Hohensyburg einsteigen konnte und nicht mehr umsteigen muss. Dat mein Herbert sich solche Gedanken um mich macht, dat hat mich direkt inne Rührung reingebracht. Wennse pilgern gehst, lernse sogar deinen eigenen Gatten vonne anderen Seite kennen! Auch nach 44 Jahren im Ehesakrament drin! Ach wie schön!

Nun saß ich da so in voller Montur anne U-Bahn-Haltestelle Hauptbahnhof und hab auf meine Bahn gewartet, da hab ich gedacht: Jetzt bin ich doch eigentlich schon mitten inner Stadt drin und der Weg vom Jakob, der geht hier doch komplett durch die Fußgängerzone, da kannse doch auch mal erst da lang gehen. Außerdem war ich auch schon lange nicht mehr inne City von Dortmund drinne. Wer weiß, wat sich da alles verändert hat. Gesagt, getan.

Ich aussem Bahnhof rausgepilgert und dann die Treppen hoch Richtung Hellweg. Da steht ja mitten im Weg eine sehr schöne, große Kirche: St. Petri. Beim Anblick von der Kirche hab ich mich zum Glück dran erinnert, dat ich am Pilgern dran bin und nicht am Shoppen.

Gut, ich gestehe, dat ich erstmal im Café neben der Kirche 'ne kleine Einkehr gehalten habe. Es gab ein leckeres Stück Lübecker Marzipantorte mit einem Kännchen Kaffee und zum Abschluss noch einen kleinen Eierlikör.

In komplett aufgeräumter Stimmung bin ich dann inne St.-Petri-Kirche rein, die zum Glück offen war. Dat ist zwar 'ne evangelische Kirche, aber berühmt in Dortmund wegen einem komplett goldenen Altar aussem Mittelalter, der natürlich mal unser (also katholisch) war, aber macht ja nix. Und wat jetzt kommt, is so schön, dat Sie schon mal 'ne Packung Taschentücher rausholen können.

Ich komme also aussem größten Trubel vonne Dortmunder City inne St.-Petri-Kirche rein und denke sofort, ich bin auffem andern Planeten. Da war 'ne wunderbare Stille und bevor ich noch denke, dat gibt dat doch gar nicht, bin ich schon mittendrin und wie von selbst werde ich selber ganz stille und ruhig. Die Kirche hat 'ne wunderbare Ausstrahlung und der goldene Altar glänzt, dasse dat Gefühl hast, du bist ganz klein, aber auch ganz groß – und dat gleichzeitig – und du bis geborgen wie in Abrahams oder Sarahs Schoß. Es sind gar keine Bänke inne Kirche drin, nur Stühle und die stehen inner Mitte in einem Kreis. Und dann natürlich eine gestaltete Mitte, wie früher von unserer Gemeindereferentin. Auf einer weißen runden Tischdecke steht ein Blumenstrauß wie aussem Schrebbergarten, dazu noch Kerzen und Duftstäbchen, die wie Weihrauch riechen.
Dann kommt eine sehr nette Dame auf mich zu und erklärt mir, wat hier gerade los ist. Die Veranstaltung heißt „Heilsames Berühren: Handauflegen" und ist für alle da, egal ob gesund oder krank, alt oder jung, für Mann und Frau – eben für alle, die eine Unterstützung brauchen für ihr Leben. Und auch für mich. Sie sähe mir nämlich an, dat ich eine Pilgererin wäre und ich könnte doch sicherlich 'ne Stärkung für meinen weiteren Weg gut gebrauchen. Und dann erzählt sie noch, dass dat Handauflegen von Jesus selber herkommt, der damals vielen Menschen seine Hände aufgelegt hatte und dass dat sogar ein Auftrag an alle Jüngerinnen und Jünger war, dat weiter zu tun und dass die Kirche dat leider irgendwann vergessen hätte. Und hier gäbe dat nun ein Team anne St.-Petri-Kirche, die dat selber gelernt hätten und nun für andere anbieten würden.
Und dann habe ich mich erst mal in den Stuhlkreis gesetzt, die Hände in den Schoß gelegt und einfach alles nur angeschaut, die ganze Schönheit vonne Kirche auf

mich wirken lassen. Und nach einer Weile bin ich zu einer jungen Frau gegangen, die mich auch noch ganz herzlich begrüßt und mir erklärt hat, wat sie jetzt machen würde und ich könnte mich einfach entspannen und müsste gar nix machen. Die Frau hat sich hinter mich gestellt und ein Gebet für uns beide gesprochen. Und dann hat sie mir ganz behutsam und sanft die Hände auf meinen Rücken gelegt. Und dann auch noch auf meine Arme, meine Schultern, meine Beine, meine Füße. Und mir wurde da so wat von warm ums Herz, als säße der liebe Gott persönlich neben mir oder wäre in mir oder überall um mich herum.

Und ich wusste in dem Moment ganz genau, dat mein Santiago von Compostella nicht in Spanien ist. Aber auch nicht inne Hohensyburg, nicht in Bielefeld und nicht in Köln. Mein Santiago ist mitten in Dortmund: vor der Haustür, auffe Straße, inne U-Bahn, im Krankenhaus, zu Hause, auffem Friedhof, im Gemeindehaus, im Cafè, überall und sogar auch in der evangelischen St.-Petri-Kirche inne City von Dortmund!

Zum guten Schluss

Jetzt muss ich zum Schluss aber doch mal ein persönliches Wort an die Frau Böhmer richten:
Sie stehen ja schön mit Ihrem Namen vorne auffem Umschlag. Wie wäre es denn, wenn Sie auch mal einen Beitrag leisten würden für dat Buch und für die Zukunft vonne Kirche. Ich racker mich hier ab, damit die Leute wat zum Nachdenken haben und irgendwie inne positive Zukunft vonne Kirche reingehen und Sie ruhen sich hier auf meinen Lorbeeren aus – oder wat?

Ja, ist ja schon gut! Gerne möchte ich zum Schluss persönlich noch etwas schreiben.
Hauptsächlich will ich Ihnen, liebe Frau Schabiewsky, ganz herzlich danken und zugleich auch all den Frauen und Männern, die unserer Kirche bzw. unseren Kirchen (auch der evangelischen) ein Gesicht geben – auch wenn es vieles gibt, was sie stört, ärgert und wütend macht.
Mit ihrer unerschütterlichen positiven Kraft und Energie trotzen sie den Widrigkeiten des Systems und den Macken der Menschen, die in ihm arbeiten – vielleicht oder wahrscheinlich, weil sie selber nicht ohne Macken sind.
Sie machen sich ihre eigenen Gedanken, die sie auch laut sagen und scheren sich nicht um das,

was gerade angesagt ist oder was man denken und glauben sollte.
Nein, sie leben das, was sie verstanden haben von diesem Jesus, ohne dafür studiert oder ein Diplom oder einen Titel oder eine Weihe zu haben. Der tiefe Glauben, dass dieser Jesus an der Seite der Menschen stand, egal welchen Beruf oder Lebenswandel sie hatten, lässt sie selber immer wieder an der Seite der Menschen stehen, die sie brauchen, die auf ein Wort, eine Geste, eine Tasse Kaffee oder ein Stückchen Schwarzwälder Kirschtorte warten.
Sie haben eine wunderbare Gabe, völlig verquere neue und zuweilen auch ziemlich verrückte Dinge zu denken und auszuprobieren. Sie fragen unsere Kirche bzw. Kirchen an und hinterfragen sie. Sie legen den Finger in Wunden und bleiben bei allem Schweren und Traurigen immer froh und fröhlich, optimistisch, lebensbejahend.
Und so scheint durch Sie, Frau Schabiewsky, und durch viele Menschen innerhalb und außerhalb unserer Kirchen die Freundlichkeit und Verliebtheit Gottes zu seiner Welt und zu seinen Kindern durch.
Ich danke den Menschen, die mich zu diesem Buch ermutigt und inspiriert haben, zuerst meiner Lektorin Claudia Auffenberg, die dieses Projekt angestoßen und immer daran geglaubt hat, dass es was wird. Ich danke meiner Freundin Gaby Hübner und meiner Dortmunder Frauengruppe, die mir frische Impulse gegeben haben, wenn ich mal `nen Durchhänger hatte und die stets zum Gespräch bereit waren.
Mein Dank geht an meine Kabarettkollegen Thorsten Schröder und Micki Wohlfahrt, mit

denen ich herrliche Seniorenkrippenspiele auf die Bühne gebracht habe.
Danken möchte ich meiner Gruppe „Handauflegen“ an der Dortmunder St.-Petri-Kirche; hier geschieht etwas so wunderbar Neues, ursprünglich Christliches – fast ein Wunder.
Und – nicht zu guter Letzt – danke ich meinen Eltern und meinem Mann für die umfangreiche liebevolle Unterstützung.

Ach, Frau Böhmer, dat ham Sie ja so wat von schön gesagt! Ich bin inne kompletten Rührung drin! Also, dat Sie im Gottesdienst nicht predigen dürfen, da könnte ich mich schon wieder so wat von aufregen ... Da wären doch die Kirchen auch wieder voll!
Ich brauch erst mal 'nen Taschentuch.